Renate Riemeck

Ich bin ein Mensch für mich

Aus einem unbequemen Leben

Urachhaus

Das Umschlagbild zeigt
die Autorin als Dozentin eines
Lehrerfortbildungskurses in Braunlage im Mai 1951.

Die Deutsche Bibliothek – CIP-Einheitsaufnahme

Riemeck, Renate:
Ich bin ein Mensch für mich: aus einem unbequemen Leben/
Renate Riemeck. – Stuttgart: Urachhaus, 1992
ISBN 3-87838-934-5

ISBN 3 87838 934 5
© 1992 Verlag Urachhaus Johannes M. Mayer GmbH, Stuttgart
Alle Rechte, auch die des auszugsweisen Nachdrucks
und der photomechanischen Wiedergabe, vorbehalten.
Umschlagentwurf: Bruno Schachtner, Dachau
Herstellung: Clausen & Bosse, Leck

Inhalt

Kindheit in Schlesien

In der Michaelizeit des Jahres 1920 wurde ich geboren, und mit Oder-Wasser bin ich getauft worden.

Breslau war die Stadt meiner Kindheit, in Stettin beendete ich 1939 die Schulzeit. Beide Orte liegen an der Oder, dem großen mitteleuropäischen Strom, der mir teurer ist als alle anderen Flüsse, die ich kenne. Der Rhein ist schön, die Weser bedächtig und die Elbe imposant, wenn sie Hamburg erreicht hat. Großartig, machtvoll und unsagbar schön erscheint mir die Donau, der »völkerverbindende Strom«, wie ihn Mark Aurel einmal genannt hat. Mit römischen Kaisern und der römischen Antike habe ich nicht viel im Sinn, außer mit Mark Aurel. Schade, daß er nicht die Oder gekannt hat, er hätte für sie wohl auch ein bleibendes Wort gefunden. Doch so sehr mich die Donau anzieht, die Oder bleibt eben die Oder. Sie hat mir die Liebe zum Wasser geschenkt, zu den Flüssen und Strömen Europas, an deren Ufern man die Geschichte der Völker ablesen kann.

Die Oder hat mich getröstet, als ich zwölfjährig Breslau verlassen mußte und nach Pommern kam. In Breslau bot sie mir das Bild fröhlicher Vergnügungsdampfer und schwerer Frachtkähne. In Stettin, wo sie den Dammschen See bildet und sich im Kleinen und Großen Haff auf dem Weg zur Ostsee selber aufgibt, hat sie mir den Sinn für die weite Welt eröffnet.

Breslau heißt heute Wrocław und Stettin Szczecin. Es sind polnische Städte geworden. Die schöne evangelische Elisabeth-Kirche von Breslau, in der ich getauft wurde, gibt es nicht mehr. Sie brannte im Zweiten Weltkrieg aus. Die Polen haben sie im alten Stil wiederaufgebaut, so wie sie auch in großer Könnerschaft andere Kunstwerke wiedererrichtet haben, die ihnen nach dem Zweiten Weltkrieg als Ruinen in Schlesien, Pommern und Ostpreußen zugefallen sind. Die meisten dieser Kirchen waren protestantisch. Heute wird in ihnen die römisch-katholische Messe in polnischer Sprache zelebriert. Die Niederlage Hitlerdeutschlands wurde zum Sieg des Vatikans. Ich konnte es nie beklagen, daß Schlesien und Pommern nach dem mörderischen Zweiten Weltkrieg den Polen zugesprochen wurde. Der Verlust des deutschen Ostens war und ist für mich nur ein gerechter Ausgleich der Geschichte für die Untaten, die im Namen meines Volkes an den Polen verübt worden sind. Dennoch tut es mir weh, daß die Sprache Luthers, Herders und Goethes in Ostpreußen, Hinterpommern und Schlesien zur Fremdsprache geworden ist.

Ich bin das Kind eines gottverlassenen Jahrhunderts, in dem ganze Völkerschaften ausgerottet und Landschaften zerstört wurden. In einer Welt wuchs ich auf, die für immer verschwunden ist und nur noch in geschichtlichen Erinnerungen leben kann. Aber das gab mir auch ein Verständnis für »den Werdegang der Zeit«, in dem Völker und Reiche aufsteigen und untergehen. Man nennt das »Geschichte«.

Es gibt immer weniger Menschen in unserer Zeit, die noch wissen, was Schlesien einmal war. Die Schlesier sterben aus. Aber es gibt die Oder, die immer noch im Frühjahr über die Ufer tritt und im Winter Eisschollen bis zum Haff tragen kann. Wie lange noch? Hoffentlich dauert es wenigstens noch ein Jahrzehnt, bis auch die Polen sie so einzementiert haben werden wie wir den Rhein.

Flüsse, Seen und Gewässer haben mir immer viel sagen können. An Breslaus Oderstrand habe ich gelernt, mich mit dem Wasser zu unterhalten. Breslau und die Oder waren für mich ein und dasselbe, obwohl ich jeweils durch die ganze Stadt fahren mußte, um zu dem Fluß zu gelangen. Dann war ich immer überglücklich. Die schlesische Welt hat meine Kindheit geprägt, und ich fühlte mich auch zeit meines Lebens als Schlesierin. Das ist sonderbar. Weder Vater noch Mutter stammten nämlich aus dem Schlesierland. Beide waren sie zwar Ostdeutsche, aber sie kamen aus der Hansestadt Danzig, und erst nach mancherlei Lebenserfahrungen hatten sie sich in Breslau niedergelassen, wenige Jahre nur vor meiner Geburt. Das mußte so sein, denn ich sollte und wollte ein schlesischer Mensch werden und wurde es auch, obwohl in meinen Adern kein einziger Tropfen Schlesierblut fließt. Aber wo ein Mensch geboren wird, da gehört er eben hin. Ich habe schlesisches Licht in mich aufgenommen, schlesisches Wasser getrunken und auf der schlesischen Erde gespielt. Somit bin ich Schlesierin.

Es scheint, daß ich mir vorgenommen hatte, als »Breslauer Lerge« zur Welt zu kommen. Was das ist, eine »Lerge«, das wissen wohl nur noch einige ältere und alte Schlesier. Es ist ein ambivalenter Begriff, Schimpfwort und Kosename zugleich. »Tälsche« oder »dumme Lerge« genannt zu werden, läßt einen erzittern, »liebe Lerge« schafft Vertrauen. Warum das so ist, bleibt ein Breslauer Geheimnis. Wie Freimaurer sich an einem Wort oder dem »Griff« erkennen, so erkennen Breslauer sich, wenn sie jemanden »Lerge« sagen hören. Ein kleines Gedicht, das mir nach dem Krieg in die Hände fiel, kann meine Liebe zur »Lerge« verständlich machen:

In Breslau um a Gabenjerge,
Da gibt es die berühmte »Lerge«.
»Du tälsche Lerge«, das hat seinen Sinn,
»Mensch, Lerge!« da liegt Musicke drin! –
»Du arme Lerge«, bei Kummer und Schmerzen,
»Du feezige Lerge«, beim Lachen und Scherzen;
Und sind die Kinder noch klein wie Zwerge,
Das Erste und Letzte ist immer: »Du Lerge!«

Beim Kascheln, beim Schippeln, beim Fangen,
  beim Titschern,
Überall hört man's »Du Lerge« zwitschern.
Ob tabrig, ob feezig, das ist ganz egal.
Die Breslauer »Lerge« ist universal.
  (*Günter Foth*)

In der großen Stadt an der Oder hat es stets viel Eigentümlichkeiten, Mystisches, Derbes und Geschäftiges gegeben, und sie war ja auch beladen mit großer Geschichte. Auf Schritt und Tritt konnte ich das schon als Kind erleben, wenn man mich gelegentlich zum Zobten mitgenommen hat, dem mächtigen Götterberg, der sich in Breslaus Nähe ganz plötzlich aus dem Flachland erhebt. Er soll ein uraltes keltisches Heiligtum gewesen sein. Der »Rübezahl« hat hier sein Unwesen getrieben; aber er soll auch ein guter Geist gewesen sein und viel geholfen haben, wenn man ihn nur rief. Von seiner Existenz war ich als Kind fest überzeugt, auch wenn die Erwachsenen mir meinen Kinderglauben austreiben wollten. Ich war sehr erstaunt, als ich einmal in Begleitung meiner Mutter ins Riesengebirge gereist bin und feststellte, daß die Leute ihn dort auch kannten, den »Rübezahl«. Er gehört zu »meinem« Schlesien wie auch die Oder zu Breslau und die Schneekoppe zum Riesengebirge. »Die Kuppa«, wie dieser Berg auf schlesisch genannt wurde, erreicht mit einer Höhe von 1603 m die Hochgebirgsgrenze und war Gegenstand berühmter Landschaftsmaler, wie Caspar David Friedrich einer war.

Ich habe die »Kuppa« stets nur von ferne gesehen, wußte aber, daß auf ihrer andern Seite die Tschechen wohnten, deren Hauptstadt Prag hieß, von der die Mutter mir wahre Wunderdinge erzählte. Aber es sollten noch Jahrzehnte vergehen, bis ich die »goldene Stadt« an der Moldau mit eigenen Augen sah und viele gute Freunde unter ihren Bewohnern fand. Das unerreichbar ferne Prag zog mich aber schon in meinen Kinderjahren an, als ich die Schneekoppe bewanderte und von dem ganz anderen Volk jenseits der Grenze hörte.

Daß Schlesien ein Land war, das einerseits an Böhmen und Mähren (also die Tschechoslowakei) grenzte und andererseits an Polen stieß, lernte ich schon in der Schule. Als Kinder nannten wir das Zehnpfennigstück einen »Behm« (»Böhm«), und die Polen kannten wir auch gut, weil viele von ihnen als »Saisonarbeiter« zur Erntezeit nach Schlesien kamen und oft auch ihre Kinder mitbrachten. Mit polnischen Kindern habe ich fröhliche Spiele gespielt, sie aber auch bedauert, weil sie in Scheunen oder Massenlagern leben mußten. Die Mutter verbot mir, von ihnen als »Polacken« zu reden, wie man sie oft gescholten hat. Das war in Niederschlesien üblich, und ein verächtlicher Unterton schwang dabei immer mit. Auch die Oberschlesier wurden »Polacken« geschimpft und waren in Breslau nicht gerade beliebt. Möglicherweise konnte man es ihnen nicht vergessen, daß sie sich nicht eindeutig für Deutschland entschieden hatten, als sie nach dem Ersten Weltkrieg zur Volksabstimmung aufgerufen worden waren. Das war 1921, in meinem ersten Lebensjahr gewesen, wirkte aber noch lange nach. Obwohl 60 Prozent der Oberschlesier für Deutschland gestimmt hatten, war ein Teil Oberschlesiens zu Polen gekommen. Woodrow Wilsons »Selbstbestimmungsrecht der Völker« war hier ebenso zur Farce geraten wie in Südtirol, das sich für Österreich entschied, aber zu Italien geschlagen wurde. Viel böses Blut war dadurch entstanden.

Von den Polenkindern habe ich etwas polnisch sprechen gelernt. Leider vergaß ich es bald wieder. Das sollte ich später sehr bedauern. »Später«, das heißt nach Hitlers Überfall auf Polen im September 1939, als so viele polnische Menschen zur Zwangsarbeit nach Deutschland verschleppt worden waren. Wenn nachts Verdunkelung herrschte, traf ich mich öfters mit einem Polenmädchen aus dem Lager, um ihm Lebensmittel zuzustecken, aber viel reden konnten wir nicht miteinander. Sie radebrechte Deutsch, und beide hatten wir Angst vor der deutschen Wachmannschaft, die aber meistens betrunken war. Das mit der kleinen Polin passierte aber nicht in Schlesien, es geschah, als ich schon in Pommern war und meine Mutter besuchte, kurz bevor ich mein Studium in Jena begann. Die Mutter war es auch, die in Wort und Tat den Grund für meine Slawophilie gelegt hat. Doch nicht nur sie, auch meine Lehrer haben mich für die slawische Welt positiv eingenommen.

Das begann schon in meiner Breslauer Schulzeit, als ich lernte, daß Schlesien slawisch besiedelt worden war, nachdem der germanische Stamm der Silingen es verlassen hatte. Den Silingen verdankt man zwar den Namen Schlesien, aber in der Völkerwanderung waren sie verschwunden und machten den Slawen Platz. Das wunderte mich sehr, als ich es erstmals hörte. Denn in meiner Kindheit waren Breslau und Schlesien rein deutsche Gebiete. Bald konnte ich aber begreifen, was geschehen sein mußte, damit aus dem slawischen Schlesien ein deutsches Land wurde. Es gab ja doch die heilige Hedwig, eine deutsche Fürstentochter aus Andechs am Ammersee, die in Trebnitz, unfern von Breslau, begraben liegt. Sie war mit dem Herzog Heinrich I. von Schlesien verheiratet und hatte viele deutsche Bauern ins Land geholt. Hieß es nicht »Deutsch-Lissa« und »Polnisch-Lissa« in Schlesien? In der Heimatkunde hatte ich es gelernt. Außerdem gab es in der Krypta des Breslauer Doms ein Grabmal von Herzog Heinrich II., der in der Mongolenschlacht bei Liegnitz (1241) gefallen war. Ich habe seine steinerne Sargplatte ehrfürchtig betrachtet und nachgezählt, ob er wohl die sechs Zehen an seinem Fuß zeigte, an denen man den Erschlagenen inmitten der vielen Toten auf dem Schlachtfeld gesucht und erkannt haben soll. Die sechste Zehe konnte ich auf keinem der Sarkophage finden. Aber das machte ja nichts. Daß nach der Mongolenschlacht auf der Walstatt Breslau aufgeblüht ist, war mir viel wichtiger. Als ich später lernte, daß Kaiser Friedrich Barbarossa Schlesien dem polnischen Herrscherhaus der Piasten zugesprochen hat (1163), wunderte ich mich nicht mehr darüber, daß an etlichen Breslauer Restaurants »Piastenbräu« zu lesen war, obwohl doch eigentlich das »Kipcke-Bier« in der Stadt gebraut und getrunken wurde. Den Namen Kipcke kannte ich. Er stand auf vielen Bierwagen zu lesen, die von starken Pferden, von belgischen Kaltblütern, durch die Straßen gezogen wurden. Mit ihnen habe ich als Achtjährige Bekanntschaft gemacht, als ich auf dem Schulweg wahrnahm, wie ein führerloser Bierwagen mit »Belgiern« sich langsam in Bewegung setzte. Der Kutscher mußte wohl ins Lokal gegangen sein. Ich sprang den anfahrenden Pferden in die Zügel und brachte sie zum Stehen. Von dieser »Heldentat« erfuhr mein Vater durch eine Zeitungsnotiz. Ein Redakteur muß mich wohl beobachtet und es unter »Verschiedenes« in die Zeitung gesetzt haben. Mein Vater las es mir vor und war dann halb zornig, halb bewundernd, als ich mich zu der Tat bekannte. Ich fand mich gar nicht heldenhaft. Pferde waren mir von klein auf vertraut, ich wußte längst, wie man mit ihnen umgeht.

Abgesehen von Kipcke und Piastenbräu – Breslau war für mich eine herrliche Stadt und Schlesien ein wunderbares Land. Dort gab es ja nicht nur die polnischen Piasten – »mein« Schlesien hatte auch einmal den Böhmen gehört. Unter der Herrschaft der Böhmenkönige (seit 1335) wurde aus der unorganisch gewachsenen slawischen Siedlung mit einigen deutschen Kaufmannssprengeln eine rein deutsche Handelsstadt. Der breit angelegte Marktplatz, »der Ring«, und die gotische Elisabeth-Kirche mit ihrem hundert Meter hohen Turm blieben Ausdruck der neuen, gotischen Baugesinnung. Außer Prag ist Breslau die mächtigste Stadt des mittelalterlichen deutschen Reiches gewesen.

Weil die Böhmen zu Beginn des Dreißigjährigen Krieges von den Österreichern besiegt und unterworfen worden waren (1619), kam auch Schlesien unter die Gewalt der Habsburger in Wien. Das prächtige Schloß in Breslau legte Zeugnis von ihrer Herrschaft ab. Der Name Maria Theresia war mir schon als Breslauer Kind bekannt, und natürlich auch der ihres Gegners, des Preußenkönigs Friedrich d. Gr. In seinen drei schlesischen Kriegen hatte er fast ganz Schlesien und auch die Grafschaft Glatz erobert. Überall konnte man auf den Verkehrswegen Spuren seines Wirkens finden. Daß Obstbäume beidseitig auf allen schlesischen Landstraßen zu finden waren, ging auf ihn zurück, und auch der weiträumige Kartoffelanbau Schlesiens soll auf Weisung vom »alten Fritz« erfolgt sein. Gerne sind die Schlesier nicht preußisch geworden. »Es wird niemand preußisch, denn aus Not; ist er es aber geworden, dankt er Gott«, war eine Redensart, die auch in Breslau geläufig war. Am Blücherplatz bin ich oft vorbeigegangen, und viele andere Bezeichnungen von Straßen und Plätzen erinnerten an »Preußens Gloria«. Auf die Freiheitskriege gegen Napoleon wurde man in Breslau allenthalben hingewiesen, war es doch in dieser Stadt gewesen, daß der zögernde Friedrich Wilhelm III. endlich den Befehl zum Angriff auf die napoleonische Armee gegeben hatte. In der Friedrich Wilhelm-Straße wohnten meine Eltern, und wenn ich als Kleinkind »an die frische Luft« geführt werden sollte, brachte mich das Kindermädchen in den Park von Scheitnig, wo die große Jahrhunderthalle stand, die 1913 zur Erinnerung an die Freiheitskriege von 1813 erbaut worden war.

Außer meiner Mutter sorgte vor allem ihr Vater, mein Großvater Johannes Steffan, dafür, daß ich brennendes

Interesse für die Vergangenheit meiner Geburtsstadt gewann. Er zeigte mir ihre geschichtlichen Stätten, und als sprach- und phantasiebegabter Mann erzählte er dabei die spannendsten Geschichten. Sicherlich hätten seine dramatischen Erzählungen nicht immer den Beifall der historischen Wissenschaft gefunden. Aber er schuf die Grundlagen für die Entwicklung meines kindlichen Geschichtsempfindens. Er spazierte mit mir in der Altstadt herum, führte mich zum »Würstelessen« in den »Schweidnitzer Keller« des einzigartigen gotischen Rathauses, dem bald meine ganze Liebe galt. Er erzählte von der Kunst alter Baumeister, ging mit mir aber auch zum Johannisfest im Juni und auf den »Kindelmarkt« im Dezember. Im Unterschied zu meiner Großmutter, die sehr lieb, aber leider nur »stief« war, jammerte er nicht unentwegt seinem »schönen Danzig« nach und redete andauernd vom »Krantor«. Nein, er zeigte mir das alte Breslau, ließ mich die »Arme Sünder-Glocke« der Maria Magdalenen-Kirche hören, bei deren Ertönen alle Breslauer Männer Mütze oder Hut abnahmen; denn ein Verbrecher wurde eben hingerichtet. Was es mit dieser Glocke auf sich hatte, wußte Großvater mir dramatisch zu erzählen: Vor vielen Jahrhunderten sei die Glocke in Breslau gegossen worden, der Glockengießermeister habe seinen Lehrbuben, zornig über dessen Unachtsamkeit, in die noch glühende Metallmasse gestoßen. Er selber zeigte seine Untat dem Rat der Stadt an und wurde mit dem Schwert hingerichtet. Aber nicht alle Geschichten des Großvaters waren so grausam wie der »Glockenguß von Breslau«, der tatsächlich im Jahr 1526 stattgefunden hat. Mindestens genauso einprägsam waren für mich Wege durch die verwinkelten Gassen im alten Stadtkern, wo er mich zur »Weißgerberohle«, zur »Schmiede-« und zur »Schuhbrücke« brachte und mir lang und breit schilderte, wie die alten Handwerker gelebt haben.

Daß in mittelalterlichen Städten die Gewerbe in besonderen Straßen beieinander wohnten, habe ich zuerst von ihm erfahren. Auch wie die angesehenen Kaufherren und Zunftmeister sich in dem großen Rathaus zur Beratung versammelt haben, malte er mir so lebhaft aus, daß ich später nicht die geringsten Schwierigkeiten hatte, mich als Geschichtsstudentin auf mittelalterliche Verfassungs- und Sozialgeschichte zu verlegen. Während die meisten meiner Mitstudenten diese Spezialgebiete der Historie langweilig fanden und möglichst aussparten, belegte ich immer die schlecht besuchten Vorlesungen und Übungen, so daß ich bald in den Genuß einer Vorzugsbehandlung durch die zuständigen Dozenten und Professoren kam. Manchmal gerieten solche Seminare beinahe zu einem Privatissimum für mich. Das verdanke ich dem Großvater, der mir Geschichte immer nur als lebendige Vergangenheit nahegebracht hat.

Aus allem machte er eine historische Erzählung. So blieb er einmal auf einem Spaziergang vor einem Juweliergeschäft stehen und wies mich auf ein großes unbearbeitetes Stück Bernstein hin, das mit schönen Einschlüssen im Schaufenster lag. »Schau es dir genau an«, sagte er. »Bernstein war einst flüssiges Harz. Es tropfte aus Palmen, die dort wuchsen, wo jetzt die Ostsee liegt.« Das verschlug mir schier die Sprache. Wo heute das Meer ist, war einmal Land? Ich konnte es kaum fassen. An der Ostsee war ich schon einmal gewesen und hatte mich von Wellen und Meer begeistern lassen. Und nun sollte dort Land gewesen sein, wo es heute nur Wasser gibt? Der Großvater hatte mich nicht etwa in die Geologie einführen wollen. Er hatte vielmehr meinen Geschichtsnerv getroffen: »Nichts ist, wie es einmal war, und nichts bleibt, wie es ist«, erklärte er der Zehnjährigen. Ich schloß daraus, was für die Erde gilt, müßte auch für die Menschheit gelten: Sie unterlag großen Veränderungen.

Die Bernstein-Erzählung hat sich mir tief eingeprägt. Sie beeinflußte mein kindhaftes Geschichtsbewußtsein. Ich liebte den Großvater sehr. Er war die unantastbare Autorität meiner Kindheit. Was er sagte, war immer richtig, und niemand wußte mehr als er. Ich entsinne mich noch, wie er mir die Heldenverehrung ein für allemal ausgetrieben hat. Es war noch in meinen Kleinkindertagen, als ich jeden Tag von einem Kindermädchen spazierengeführt wurde. Wir kamen immer an einem hohen Denkmal vorbei. Jedesmal blieb ich davor stehen, machte einen tiefen Knicks, und die Danziger Sprechweise des Großvaters nachahmend sagte ich ehrfurchtsvoll:»Guten Tag, großes Mannchen!« Eines Tages führte er mich selber aus, und unerwartet erlebte er mein tägliches Ritual vor dem Denkmal. Da fuhr er mich an:»Laß das! Und merke dir, das ist kein großer Mann!« Nie wieder habe ich ihn gegrüßt und mein Sprüchlein aufgesagt. Es war ein Bismarck-Denkmal.

Kommt es durch den Großvater, daß ich mit Bismarck später immer Schwierigkeiten hatte, in der Schule, im Studium und noch als ich Dozentin wurde? Auch alle Urteile bedeutender Historiker über seine preußisch-deutsche Großmachtpolitik konnten mir nie Sympathie für ihn einflößen. Den Begriff der »historischen Größe« hätte ich wohl auch später mit meinem Großvater geteilt. Als ich mich nach Studium und Promotion ernsthafter mit Bismarck beschäftigte, lernte ich die Schriften seines Gegners Constantin Frantz kennen, der sich gegen die kleindeutsche Reichsgründung Bismarcks ausgesprochen hat und für die föderative Gestaltung der Verhältnisse in Deutschland und Europa eingetreten ist. Jetzt verstand ich, warum der Großvater mich daran gehindert hatte, Bismarck meine Reverenz zu erweisen.

Der Großvater teilte mit mir auch die Liebe zur Oder, dem großen Fluß, der zum Schicksalsstrom meiner Kindheit und Jugend werden sollte. Er ist eine der Haupt-

Das Wohngebiet im Breslauer Westend:
Königsplatz mit Bismarckbrunnen

wasserstraßen Mitteleuropas, entspringt im Odergebirge, durchfließt das mährische Steinkohlengebiet, kommt nach Schlesien, zieht durch die Mark Brandenburg und teilte bis 1945 das pommersche Land in Vor- und Hinterpommern. Ich sehe noch die lustigen Ausflugsdampfer in Breslau und die Frachtkähne, die aus dem Oderhafen kamen. Ich höre aber auch noch das Nebelhorn von der Oder herauftönen, wenn ich an das Zimmer denke, in dem ich 1936 für kurze Zeit auf der Stettiner Hakenterrasse wohnte. Stettin hat mir nie so viel bedeuten können wie Breslau. Ich war aber auch kein Kind mehr, stand in meinem dritten Lebensjahrsiebt und hatte schon etliche Schicksalsschläge erfahren. Weil ich zuvor in der hinterpommerschen Kleinstadt Plathe an der Rega gelebt hatte, war ich froh, wieder in eine Großstadt gekommen zu sein. Aber sie war viel kleiner und auch sehr anders als Breslau. Vergeblich suchte ich nach einem ähnlich imponierenden Rathaus, wie ich es in Breslau bewundert hatte. Es gab auch bei weitem nicht so viele Kirchen oder gar Klöster in Stettin. Ich war in eine evangelische Stadt gekommen, in der nirgendwo Weihrauch die klare Luft geschwängert hätte. Ein Hauch von nordischer Kühle empfing mich in Stettin. Ich vermißte die volkreichen Straßen Breslaus ebenso wie den »schläscha Kucha, Sträslakucha« (Streußelkuchen), ohne den es keinen Sonntag in Schlesien gab. Was sollte ich denn Großartiges von dem »bannig, bannig groten Stettiner Peperkoken« erwarten, wenn ich an die schlesische »Mohbabe« dachte?

Doch Stettin gefiel mir durchaus, und bald schon hatte ich eine Erklärung für seine Andersartigkeit gefunden. Hier stand der pommersche Reformator Bugenhagen in hohen Ehren. Und nie hatte – wie in Breslau – der österreichische Charme der Kaiserin Maria Theresia seine Spuren in der Stadt hinterlassen können. Man spürte vielmehr die Nähe Gustav Adolfs von Schweden, der einst den Protestanten zu Hilfe gekommen war und 1630 Stettin eingenommen hatte. Keinerlei Anzeichen für eine Rekatholisierung waren hier zu finden und also auch keine prunkvollen Barockkirchen. Daß aber die Preußen sich hier ebenso eingenistet hatten wie in Breslau, war leicht zu erkennen. Das Berliner Tor am Paradeplatz oder der Brunnen mit dem preußischen Adler auf dem Roßmarkt bewiesen es.

In Stettin redeten die Leute Plattdeutsch, sagten »ick« statt ich, »dat« statt das und »Buddel« für Flasche. Wo die Schlesier ihr Verständnis heischendes »gell« anbrachten, brummten die Pommern »mannich«. Je mehr ich »Pladddütsch« verstehen und sprechen gelernt hatte, umso lieber wurden mir die Pommern. Sie waren viel langsamer als die »Breslauer Lergen«, aber sehr verläßlich und überaus treu. Wenn man sich mit einem Pommern verabredet hatte, wußte man, daß er wirklich an Ort und Stelle sein würde. Man konnte ihm vertrauen und auch viel anvertrauen. Ich hatte mich bald eingelebt und das pommersche Gemüt schätzen gelernt. An die »süße Blutwurst« konnte ich mich aber nie gewöhnen. Da waren mir schlesische »Wellwürste« doch viel lieber gewesen.

Das Breslau meiner Kindheit war mit seinen 600 000 Einwohnern die zweitgrößte Stadt im damaligen Deutschland. Jeder zweite Berliner kommt aus Breslau, sagte man vor dem Krieg, und das war gar nicht so falsch. Wohin die Schlesier auch ausgewandert sind, ob nach Berlin, New York oder Sidney, stets gründeten sie einen Heimatverein und trafen sich regelmäßig, um ihr heimatliches Idiom zu hören und von der »Heemat« zu schwärmen. Den Pommern konnte man ähnliches nicht nachsagen. Sie waren ortsfester, vielleicht auch schwerfälliger als die Schlesier, aber wunderbar unsentimental. Es fiel mir auf, daß sie weniger lachten, aber auch seltener weinten als die »Lergen«. Wenn sie freilich lachten, geschah das breiter und herzhafter als anderswo.

Stettin war erheblich kleiner als Breslau, und alles ging ruhiger zu. Solch eine elegante Einkaufsstraße wie die Breslauer »Schweidnitzer« habe ich in Stettin nicht gefunden. Dafür gab es die »Lastadie« am andern Oderufer, wo Verladebrücken in die Luft ragten und in Speichern und Warenlagern die gelöschten Schiffsladungen untergebracht waren. Und überhaupt die Schiffe in Stettin! Sie ließen mich spüren, wie nahe man dem Baltischen Meer, der Ostsee war.

Trotz aller Liebe zu Breslau hatte der Ostsee schon die ganze Sehnsucht meines Kinderherzens gegolten, seit die Mutter mich vierjährig auf eine Reise zu »Tante Mick« mitgenommen hatte. »Tante Mick«, die Schwester meines Vaters, wohnte in einer zauberhaften Villa im Ostseebad Zoppot bei Danzig, und sie konnte herrlich Klavier spielen. Chopin und Brahms waren ihre Lieblingskomponisten. Wenn sie bei uns in Breslau zu Besuch war, hatte sie mir immer vorspielen müssen. In Zoppot aber hörte ich vor allem das Meer rauschen und wurde überwältigt vom Anblick der See mit ihrer Unendlichkeit. Als ich erstmals auf die Zoppoter Seebrücke kam, rannte ich fasziniert den Erwachsenen einfach davon. Ich wollte ans Ende der Welt kommen. Mit großer Mühe wurde ich wieder eingefangen. Von der Ostsee mochte ich mich gar nicht wieder trennen. Ich wäre am liebsten dort geblieben.

Als die Mutter wieder mit mir nach Breslau zurückkreiste, bekam sie meine Liebe zum Meer deutlich zu spüren. In dem Erstklaßabteil breitete sich ein unangenehmer Geruch aus, der auch nach einem Abteilwechsel nicht weichen wollte. Der herbeigerufene Schaffner rümpfte kenntnisreich seine Nase und holte aus meinem Kindermantel einen kleinen toten Fisch heraus. Ich hatte ihn am Strand gefunden und wollte ihn als Erinnerungsstück ins »Binnenland« mitnehmen. An die Episode wurde ich nach mehr als einem Jahrzehnt erinnert, als ich in Stettin die melodischen Rufe der Fischhändler hörte: »Haaolt greunen Hiering (holt grünen Hering), haaolt Stind!« Ja, die Stettiner aßen gerne Fisch, und er war so billig!

Aber mehr noch als die Fischhändler waren es die Seeleute auf den Fracht- und Passagierschiffen, die mir in Stettin ein neues Lebensgefühl vermittelt haben. Die Schiffe waren größer und sauberer als die vergnügten Ausflugsdampfer von Breslau. So ein Seeschiff, das zur Insel Rügen fuhr oder sogar ostwärts auf Königsberg Kurs nahm, machte großen Eindruck auf mich. Was ein »Maat« ist, wo »Backbord« und »Steuerbord« sich befinden, welche Macht ein »Käpp'n« hat und wie man auch ohne »steifen Grog« Matrosenlieder singen kann – das lernte ich in Stettin. Ich habe diese Stadt in bester Erinnerung, nicht nur weil ich ihre Kaiserin Auguste Viktoria-Schule (kurz K. A. V. genannt) besucht habe, sondern vor allem, weil ich viele gute Freunde in Stettin finden konnte.

Was aber zwischen Breslau und Stettin mit mir geschehen war, gehört in ein besonderes Kapitel meiner Lebensgeschichte.

»Ich bin ein Mensch für mich«

Meiner Mutter habe ich es als Kind nicht verzeihen können, daß sie mich nicht Franziska genannt hat. Am 4. Oktober, am Tag des heiligen Franz nämlich wurde ich in das Geburtsregister eingetragen. Dem Franziskus von Assisi galt von klein auf meine ganze Verehrung, ihm und seiner Zeitgenossin Elisabeth von Thüringen.

In der Nacht, so erzählte die Mutter, sei ich auf die Erde gekommen, und weil ich ein sehr »mickriger« Säugling gewesen sei, habe man die behördliche Anmeldung meiner Geburt etwas hinausgezögert, um gleich auch mein Ableben melden zu können. In Wirklichkeit hätte der 3. Oktober auf dem Geburtsschein stehen sollen. Doch der Beamte habe schon einen Strich unter diesen Tag gezogen, und so sei ich auf den darauffolgenden Tag gesetzt worden. Ob das wohl stimmt? Breslauer Beamte waren doch »preußische« Beamte, denen solche Fehler nicht passieren durften! Wie dem auch sei, ich bin ein Mitternachtskind, und mit Franz von Assisi hat mein Geburtstag so oder so zu tun. Als ich mich Jahrzehnte später mit Giovanni Bernardone, aus dem der heilige Franz wurde, näher beschäftigte, lernte ich, daß er eigentlich am 3. und nicht am 4. Oktober gestorben ist. Sein Namensfest wurde von der Kirche aber um einen Tag verschoben, weil der 3. Oktober im Heiligenkalender schon besetzt war.

In einer Breslauer Privatklinik hat die Mutter mich als Siebenmonatskind zur Welt gebracht. Ihre Bettnachbarin, die Frau eines jüdischen Rechtsanwalts, hat mich mit ihrer Muttermilch genährt und am Leben erhalten. Ob es die jüdische Muttermilch war, die meine prosemitische Grundhaltung bestimmt hat? Mit ihrem Söhnchen sollte ich als

Im Alter von fünf Jahren

24

kleines Kind noch spielen können. Wir trafen aufeinander, als unsere beiden Mütter rein zufällig in einem Kurhotel in Bad Kudowa Urlaub machten. Es muß in seinem und meinem vierten Lebensjahr gewesen sein. Ich habe es noch in Erinnerung, wie er die Treppe heruntergelaufen kam und wir uns in die Arme fielen, als hätten wir uns immer gekannt. Was mag aus ihm wohl geworden sein – oder auch aus meinem jüdischen Kinderarzt, der mir später buchstäblich das Leben gerettet hat? Ob sie dem Naziterror entkommen konnten? Ob sie vergast wurden? Ich weiß es nicht. Aber vielleicht wären sie mit mir zufrieden, wenn ich ihnen hätte erzählen können, daß ich mich auf dem Höhepunkt der Judenverfolgungen im Hitlerreich mit Menschen befreundete, die den »Davidstern« tragen mußten, und ich sie nie verleugnet habe.

In wunderbarer Weise bin ich davor bewahrt geblieben, dem Nationalsozialismus zu verfallen. Der jüdischen Rechtsanwaltsfrau sei gedankt.

Herangewachsen als Kind reicher Eltern in der Zeit der Weimarer Republik und zwischen »Stahlhelm« (Vater) und »Rotfront« (Mutter) lebend, habe ich die große Not der Arbeitslosen kennengelernt. Meine Breslauer Spielgefährten waren fast alle armer Leute Kinder. Ich besaß alles, wovon sie nur träumen konnten: Bälle und Springseile, einen Roller, einen Holländer und vieles mehr. Sogar ein kleines rotes Tretauto mit Hupe war in meinem Besitz. Die Mutter hatte nie etwas dagegen, wenn ich alle meine Spielsachen mit den Arbeitslosenkindern teilte und wir lustig-wilde Spiele in dem riesigen Hof veranstalteten, der hinter dem stattlichen mehrstöckigen Haus gelegen war. Sie hielt mich sogar dazu an, meine Spielsachen als Gemeinbesitz zu betrachten. Die »Pümmel«, ein Jahr jünger als ich und das uneheliche Kind einer fleißigen Näherin, war mir der liebste Mensch aus der ganzen Horde. Wegen ihrer krummen Beinchen (Englische

Krankheit) wurde sie, die eigentlich Erna Jakubietz hieß, von den Buben oft gehänselt, und dann pflegte ich, mich schützend vor sie zu stellen. Meiner Mutter dankt sie es, daß ihre Beine wieder gerade wurden.

In hohem Maße muß diese Frau, meine Mutter, dasjenige besessen haben, was man ein »soziales Gewissen« zu nennen pflegt. Ich entsinne mich an eine Arbeiterdemonstration etwa 1924/25, in deren Verlauf Fensterscheiben eingeschlagen und Türen demoliert wurden. Vor unserem Haus aber standen zwei Männer, »Weitergehen, weitergehen!« sagten sie. Das Geschäft meiner Mutter wurde nicht beschädigt. Die Arbeiter hatten vor Augen, daß sie ihren Familien Nahrungsmittel auf Pump »verkaufte« und nie gemahnt hatte. Von der Redlichkeit ihrer armen Kundschaft überzeugt, hatte sie alles »angeschrieben«, und die Arbeiter dankten es ihr. Geschäftstüchtig ist meine Mutter nie gewesen. Vielleicht wurde sie deshalb reich.

Am Ende des Ersten Weltkriegs, als ihr Mann an Typhus erkrankte, war ihr ein winzig kleines »Kolonialwaren«-Geschäft angeboten worden, und sie erwarb es in der Hoffnung, vielleicht leichter zu Nahrungsmitteln für ihn gelangen zu können. Herrn Irrgang, den Vertreter von Molinari, einer Breslauer Großhandelsfirma, dauerte die unerfahrene junge Frau. Er gab ihr den Rat, Schulden zu machen und zahlreiche Säcke ungebrannten Kaffees zu kaufen. Man könne ihn ja rösten lassen, sobald die Menschen wieder ehrliches Geld hätten. Sie folgte seinem Rat, der Kaffee machte sie wohlhabend und das Geschäft blühte. Herrn Irrgang mit seinem weißen Backenbart habe ich als Schulkind noch kennengelernt. Er gab mir den Rat, ich solle später einmal Gustav Freytags Roman »Soll und Haben« lesen, weil darin die Firma Molinari vorkomme, durch die meine Mutter reich geworden sei. Ich konnte es kaum glauben. Tatsächlich hatte sie großes Glück gehabt. Sie zog in ein größeres Geschäft um und hat es schließlich zu

Im Alter von fünf Jahren

dreizehn Filialen in Breslau gebracht. Ihren beiden Ersten Verkäuferinnen schenkte sie je eine dieser Filialen, als sie 1925 meinte, sich aus dem Geschäftsleben zurückziehen zu können. Sie wollte endlich lesen, lesen, lesen, Bildungsreisen machen, Konzerte, Opern und Theater besuchen, kurz: ein freier Mensch sein.

Sie irrte sich. Der Verwalter des Vermögens war mein Vater. Es war ihm nicht möglich, den Reichtum zu erhalten. Aus großbürgerlichen Verhältnissen stammend, wollte er Jugendträume wahrmachen, seiner Liebe zur Jagd fröhnen und »auf dem Lande« leben können. So erwarben die Eltern ein »Restgut« bei Herrnstadt, nicht weit vor Liegnitz und nur 70 km von Breslau entfernt.

Die Sechszimmerwohnung in der Breslauer Friedrich Wilhelm-Straße wurde bis auf ein schönes, helles und sehr großes Sonderzimmer aufgelöst, und der Umzug in das Schloß von Groß-Tschuder ging im Herbst 1925 vonstatten. Das »Herrenhaus«, wie die Dorfleute es nannten, war ein veritables Schloß aus dem Ende des 18. Jahrhunderts, erbaut von einem französischen Adligen, der vor der Großen Revolution des Jahres 1789 geflohen war.

Nun mußte ich meinen vielen Freunden aus dem Breslauer Hinterhaus Ade sagen. Das fiel mir recht schwer. Doch Großvater und Großmutter kamen ja mit, und Tiere, Äcker, Weiden und Obstbäume direkt vor dem Haus zu haben, war eine herrliche Aussicht. Ich bekam sofort ein Reitpferd geschenkt. Es war ein Pony, hieß Daisy und stammte aus einem Zirkus. Noch nie war es »unter dem Sattel gegangen«. Prompt warf es mich ab. Wie gut, daß der Großvater da war! Er schalt meinen Vater einen »Dummkopf« und sorgte dafür, daß ich auf einem kleinen braunen »Litauer« das Reiten lernte.

Ich war in eine ganz andere Welt gekommen. Herbst und Winter zeigten mir unerahnte Schönheiten, und im darauffolgenden Frühjahr überwältigten mich die hervorsprie-

Das »Herrenhaus« in Groß-Tschuder

ßenden Gräser, die Baumblüte und die Blumen am Teich. Daß die roten Kirschen einmal zarte Blüten waren, erlebte ich zum ersten Mal. Ich war selig.

Halb träumend stand ich in jenem Frühling eines Tages heimlich auch sehr früh auf. Es zog mich zu dem großen Teich, der fast ein kleiner See war. Blumen pflückend umwanderte ich ihn und erschrak ganz plötzlich. Ich meinte, dem »lieben Gott« begegnet zu sein. Ganz licht und hell war er mir erschienen. Ehrfürchtig trug ich meinen Blumenstrauß ins Haus, baute mir in meinem Kinderzimmer einen Altar auf und fing an strahlend zu beten. Die Mutter betrat den Raum, sah meine Andacht und erklärte ziemlich barsch, Gott könne man nicht sehen und ich solle zur Vernunft kommen. Ich war sehr erschrocken, widersprach ihr nicht, hielt aber im Stillen an meinem Erinnerungsbild fest: Ich hatte eine Lichtgestalt gesehen. Der Großvater tröstete mich, sagte jedoch, man dürfe nie darüber reden, wenn man meint, den »lieben Gott« getroffen zu haben. Deshalb erzählte ich auch meinem sehr geliebten »Onkel Leo« nichts davon, als er ins Schloß kam. Er war der jüngste Bruder meiner Mutter, hatte schöne rote Wangen und hustete sehr viel. Seine mit lila Tinte geschriebenen Postkarten aus verschiedenen Sanatorien hatte ich mir aufgehoben. Jetzt war er da und lag im sonnigsten Raum, meinem Kinderzimmer, das zu betreten mir verboten wurde. Weil es aber eine aus alter Zeit stammende Tapetentüre besaß, schlich ich mich von der anderen Seite heran und unterhielt mich immer so lange mit ihm, bis er wieder zu husten begann. Er war 1917 als Soldat in Verdun verwundet und in ein Massengrab geworfen worden, aus dem man ihn wieder herausholte, als er sich mühsam aufgerichtet hatte. Während des darauffolgenden Lazarettaufenthalts bekam er eine Tuberkulose, an der er fortan litt. Krankheit und Tod traten mir in seiner Gestalt groß und fürchterlich real entgegen. Er starb zwei Jahre nach dem

30

Aufenthalt im Schloß, während meine Mutter gerade auf einer Frankreich-Reise war. Ich fühlte mich sehr allein in meiner Trauer um den lieben »Onkel Leo«, der nur gut zu mir gewesen war.

In einer völlig anderen Weise erlebte ich die Familie meiner Mutter, als ihre ältere Schwester zu Besuch ins Schloß kam. »Tante Hedwig« war aus Königsberg in Ostpreußen angereist, und unter ihrem kostbaren Pelz trug sie ein schwarzes Kleid. Sie hatte ihren Mann verloren. Sehr gemocht habe ich die Tante leider nicht. Mein Großvater nämlich hatte sie sehr förmlich, ja abweisend begrüßt, und da er für mich in allen Dingen maßgebend war, bin ich ihr nicht gerade freundlich entgegengekommen. Ich lief immer weg, wenn ich sie sah. Sie konnte also nicht viel Wohlgefallen an ihrer Nichte finden. »Das Kind« war trotzig, »roch nach Stall« und Pferden, ging nie zu Bett, bevor es nicht den Reitpferden einzeln Gutenacht gesagt hatte, und war ohnehin »mehr Bub als Mädchen«.

Eines Tages bat die Tante, durchs Land gefahren zu werden. Der »Landauer« wurde angespannt, rollte vor die Schloßtreppe, und wie immer kletterte ich auf den Bock, um mich neben den Kutscher zu setzen. Tante Hedwig griff ein: »Da gehörst du nicht hin. Komm und setz dich zu mir in den Wagen!« Ich schüttelte stumm den Kopf und blieb sitzen. Sie wiederholte ihren Befehl. »Warum gehorchst du mir nicht?« Prompt erhielt sie zur Antwort: »Ich bin ein Mensch für mich!«

Meine hinzugekommene Mutter hörte es und lachte. Der »Mensch für sich« durfte bleiben, wo er war. An meinen Ausspruch hat sie mich aber manchmal erinnert, wenn sie später selber an meinem Selbstbehauptungswillen Anstoß nahm. Doch in Gegenwart ihrer Schwester hatte ich erstmals mein Eigensein verteidigen können.

31

In Groß-Tschuder 1926

Beulenpest, Klosterschule und
Viertes Laterankonzil

Bald nachdem die Tante wieder abgereist war, begann meine Schulzeit. Ich wurde in die nächste Dorfschule gefahren, die etliche Kilometer entfernt in Klein-Tschuder lag. Es war eine einklassige Schule alten Stils, die mich jedoch begeisterte, weil ich immer mit den Zweit- und Drittklässern mitmachen und lernen konnte, was nicht ich, sondern sie lernen sollten. Den jungen netten Lehrer mußte das irritieren. Er bat meinen Vater, mich in der achtklassigen evangelischen Schule der nächsten kleinen Stadt anzumelden, wohin man mich ja auch fahren könne. In der Tat war es nach Herrnstadt nicht viel weiter als nach Klein-Tschuder. Die kurze Zeit, die ich dort nach den Sommerferien erlebte, war überstrahlt von einer innigen Kinderfreundschaft.

Ein zarter kleiner Herrnstädter Blondschopf hatte mich freudig begrüßt. Er war der Sohn des Bezirksschornsteinfegermeisters, dessen betreßte Robe ich längst schon bewundert hatte. Mein neuer Freund lud mich zum Spielen in sein Elternhaus ein, und ich durfte ihn auch nach Groß-Tschuder mitbringen. Unsere Kinderseligkeit sollte jedoch bald ein jähes Ende nehmen. Im Herbst 1927 packte meine Mutter plötzlich einen großen Reisekoffer, nahm mich bei der Hand, und ohne Wissen des abwesenden Vaters reiste sie mit mir nach Breslau. Ich war schockiert. Zwar ahnte ich schon, daß zwischen den Eltern etwas nicht stimmte. Es hatte eine dramatische Szene gegeben, just als mein Herrnstädter Freund wieder einmal zu Besuch gekommen war. Ich schämte mich für meine Eltern, und als er abgeholt worden war, hatte ich ihm noch krampfhaft lächelnd nachgewinkt, war dann aber weinend ins Haus gelaufen. An

Ehekräche war ich schon gewöhnt. Aber daß es diesmal so ernst war!

Und wohin nun in Breslau? Die Großeltern, denen meine Mutter dort eine Kleinstwohnung eingerichtet hatte, brachten sie unter, weigerten sich aber, auch mich aufzunehmen. Ich glaube, daß der Großvater seine Tochter zwingen wollte, um meinetwillen wieder Vernunft anzunehmen. Doch die Mutter bat meine Patentante Klara Röhricht, mich irgendwie zu beherbergen, und sie nahm mich auf. Tante Klara war »Erste Verkäuferin« im Riemeckschen Hauptgeschäft gewesen und empfand Dankbarkeit für meine Mutter. Sie war streng katholisch, ja fast bigott. Aber sie hatte die Patenschaft für mich übernommen, als ich in der evangelischen Elisabeth-Kirche getauft wurde. Nun wurde sie an ihre Patenpflichten erinnert. In ihrer Einzimmerwohnung stellte sie drei Stühle aneinander, legte eine Decke darüber, und fertig war mein Notbett. Sie hatte in der Breslauer Einkaufsstraße, der »Schweidnitzer«, ein Confisserie-Geschäft aufgemacht und mußte mich den ganzen Tag über in ihrem Zimmer alleinlassen.

Um die Trennung von ihrem Ehemann deutlich zu betonen, meldete die Mutter mich in einer katholischen Klosterschule an. Die »Armen Schulschwestern von unserer lieben Frau« nahmen mich als externe Schülerin liebevoll auf.

Vielleicht wußten sie von der zerrütteten Ehe, vielleicht wollten sie auch das evangelisch getaufte Kind in die alleinseligmachende Kirche zurückführen. Wie dem auch sei, ich bin ihnen noch immer dankbar. Recht zaghaft und beklommen betrat ich das Kloster. Drinnen erwartete mich eine junge, bildhübsche und liebenswert flotte Nonne: Schwester Lioba. Anscheinend wollte sie meine Intelligenz prüfen und stellte mir die »komplizierte« Rechenaufgabe: »Wieviel ist fünf und sieben?« Noch nie hatte ich über zehn rechnen müssen. Während die Mutter ihr das umständlich erklärte, platzte ich nach kurzem Besinnen in das Gespräch: »ist zwölf!« Schwester Lioba legte mir die Hand auf die Schulter: »Du bist aufgenommen.«

1945 – achtzehn Jahre später –, in den chaotischen Verhältnissen gleich nach Kriegsende, bin ich dieser Nonne wieder begegnet. In einer Dienststelle der amerikanischen Besatzungszone sitzend, wartete ich in Hof in Bayern auf die Erteilung eines Passierscheines. Ich wollte mich über Jena nach Berlin begeben können. Unter den vielen mit mir wartenden Menschen saß auch eine Nonne. Ich erkannte ihre Ordenstracht und fragte, ob sie vielleicht eine Schulschwester sei. »Ja«, sagte sie, »und Sie heißen Renate«. Ich hatte schon promoviert und wollte mit Katholizismus nichts mehr zu tun haben. Aber beim Anblick dieser Klosterfrau erfüllte mich große Dankbarkeit. Schwester Lioba war mit ihren Ordensgenossinnen vor der Roten Armee aus Breslau gen Westen geflohen, und jetzt suchte sie ihre verschollene Oberin, die irgendwo in Thüringen sein sollte. Sie gab mir gute Ratschläge, wie man über die Demarkationslinie in die russische Zone kommt: »Nur keine Angst vor den Russen!« sagte sie, »es sind arme Kerls, die nicht freiwillig nach Deutschland kamen«. An diese Worte mußte ich denken, als ich ohne Passierschein heimlich die Grenze umgangen hatte und dem ersten bewaffneten »Iwan« in die Arme lief. Er ließ mich freundlich grinsend weiterlaufen. Dank sei Schwester Lioba!

Als ich im Herbst 1927 ihre Schülerin geworden war, schickte sie mich schon nach wenigen Tagen aus der Klasse: »Geh schnell nach Hause. Du hast hohes Fieber!« Nach Hause? Ich hatte kein Zuhause mehr. An allen Gliedern zitternd griff ich nach dem Schlüssel für Klaras Zimmer, fuhr mit der Straßenbahn zu ihrem Haus, erklomm vier Etagen und verlor das Bewußtsein. Wie ich den Tag und die Nacht verbracht habe, vermag ich nicht zu sagen. Am nächsten Tag erschien völlig überraschend mein Vater, nahm mich wie ein kleines Paket auf seine Arme, stieg mit mir die vier Treppen hinab und setzte mich in das wartende Auto. Er brachte mich in das separate Zimmer der Wohnung, das die Eltern sich, für Unternehmungen von Groß-Tschuder nach Breslau kommend, aufbewahrt hatten. Und dann kam auch schon »mein« jüdischer Kinderarzt, der mich so gut kannte. Er hatte alle die üblichen Kinderkrankheiten behandelt, von denen ich keine einzige ausgelassen habe. Jetzt machte er ein besorgtes Gesicht, verschwand wieder und kam bald schon mit einem zweiten Arzt zurück, einem Facharzt für Tropenkrankheiten. »Indische Beulenpest« diagnostizierte dieser. »Wo hat das Kind sich so etwas nur herholen können?«

Das Rätsel wurde nie gelöst, aber ich war wochenlang sehr krank, zugleich aber auch glücklich mit meinen sieben Jahren. Denn der Vater hatte den Dackel »Männe« aus Groß-Tschuder mitgebracht, den ich mir so gewünscht und zum Geburtstag auch bekommen hatte. Nun war ich also nicht mehr allein. Der Hund wurde mir zum Gefährten in der Krankheit und blieb der treueste Freund in meinen nächsten Kinderjahren. Er hat mich immer verteidigt, und wenn die Mutter »ein ernstes Wort« mit mir reden wollte, mußte sie »Männe« erst aus dem Zimmer schicken, sonst hätte er sie wütend angefallen.

Nach der Indischen Beulenpest setzte ich »als Mensch für mich« meine Schulzeit in der Liebfrauen-Schule fort, bekam die gute alte Schwester Amatora als Klaßlehrerin und erreichte mit zehn Jahren das angegliederte Lyzeum der Liebfrauen-Schule. In dieser Zeit wurde ich der kleine »Renaterich« meines großen Freundes Hans Fels. Hans war sieben Jahre älter als ich, und wir wurden unzertrennliche Freunde. Im Sommer holte er mich zum Schwimmen im Flutkanal ab, im Winter fuhren wir zum Zobten und nahmen unsere Skier mit. Auf den großen, langen Hans war ich mächtig stolz. Er ging aufs Gymnasium, und weil er katholisch war, brachte er mir lateinische Texte aus der Messe bei. Als ich nun das Lyzeum erreicht hatte, lernte ich zwar kein Latein, aber ich hatte nun doch auch wie der Hans »weltliche« Lehrer. Auf dem Lyzeum sollte es zu meinem ersten Zusammenstoß mit Kloster und Kirche kommen. Wir bekamen einen neuen Beichtvater, der auch unser Religionslehrer war: den »Kaplan«.

Er war ein schlanker, blonder junger Mann, dem seine schwarze Soutane außerordentlich gut stand. Alle älteren Schülerinnen schwärmten ihn an. Die Nonnen vielleicht auch? Jeden Tag hatten wir bei ihm eine Religionsstunde. Zum Priester des Klosters war er wohl gemacht worden, weil er an der Breslauer Universität einen Lehrstuhl erstrebte – den er später auch bekam. Ich mochte ihn gern. Wenn er doch bloß nicht mein Beichtvater gewesen wäre! Wir wurden an jedem Wochenende zur Beichte geschickt. Ich versuchte, das nach Möglichkeit zu umgehen, indem ich bei einem alten Franziskaner des Breslauer Minoritenklosters auf der Dominsel beichtete. Allwöchentlich gab mir dort der liebe Ordensbruder sein »Ego te absolvo« für drei Ave Maria und ein Vaterunser, wenn ich meine Sünden bekannt hatte. Auf dem Beichtzettel, den wir alle bekommen hatten, standen ein Dutzend Kindersünden, und ich hatte mir »unandächtiges Beten«, »Ungehorsam gegen Eltern und Lehrer« und »Unwahrhaftigkeit« ausgesucht. Dies beichtete ich dem Franziskaner regelmäßig jede Woche, und regelmäßig sprach er mich freundlich von meinen Sünden los. Mir war nicht wohl dabei. Wozu beichten, wenn man für ein paar Ave Maria wieder sündenfrei wird?

So leicht wäre ich bei unserem Kaplan nicht davongekommen. Als ich zwölfjährig einmal bei ihm im Beichtstuhl kniete und meine drei Standardsünden preisgab, ging er gar nicht darauf ein. »Was liest du eigentlich?« fragte er. Verflixt, der Mann wollte ja ein echtes Bekenntnis! Da sollte er sich irren. »Nesthäkchen«, antwortete ich spontan und hoffte, mit Nennung der Mädchenbuchserie aus dem Schneider gekommen zu sein. »Und außerdem?« bohrte er weiter. »Heidi!« antwortete ich. Er glaubte mir nicht, blieb aber ganz ruhig und sagte nur: »Überleg es dir noch einmal bis zur nächsten Woche«, und gab mir Absolution. In der nächsten Religionsstunde geschah es dann, daß der Kaplan, ohne es zu wollen, meinen Bruch mit der katholischen Kirche, der sich schon in mir angebahnt hatte, veranlassen sollte.

Wie immer war er (so würde ich heute sagen) unvorbereitet in die Stunde gekommen. Er verließ sich stets auf die erste an mich gerichtete Frage: »Willst du wieder etwas wissen, Renate?« Ich wollte ja immer »etwas wissen«, und so hatte er einen guten Einstieg in die Stunde, die er lebhaft und anschaulich zu gestalten wußte. Eigentlich gab er mir fortwährend Privatunterricht; aber das wußte ich damals noch nicht. Nach meiner Beichterfahrung mit ihm fragte ich ihn, ob es schon immer eine Ohrenbeichte gegeben habe. Noch heute bewundere ich seine Reaktion. Stumm drehte er sich um und schrieb »1215 – 4. Laterankonzil – Innozenz III.« an die Tafel. »Merk dir das«, sagte er zu mir. »Du kannst es jetzt noch nicht verstehen. Aber du wirst damit zu tun bekommen, wenn du erst älter bist.« Er hatte ins Schwarze getroffen.

Immer wartete ich in meiner weiteren Schulzeit auf Innozenz III. und sein Viertes Laterankonzil. Aber erst viel später habe ich begriffen, vor welche entscheidende dogmatische Problematik ich den Kaplan gestellt hatte. Daß er mich nicht zurückwies, sondern mir einen Hinweis für meine Zukunft gab, werde ich ihm nie vergessen. Seit dem Vierten Laterankonzil war ja nicht nur die Ohrenbeichte üblich geworden. Es hat sich auch verhängnisvoll für die

Ketzer ausgewirkt. Als ich später studiert habe, wählte ich mir ein Ketzerthema für die Doktorarbeit, und ich mußte immer an »meinen« Kaplan denken, als ich vierzig Jahre später *Glaube – Dogma – Macht, Geschichte der Konzilien* (Stuttgart 1985) geschrieben habe. Ohne ihn wäre ich nicht geworden, was ich werden sollte.

Ich war eigentlich immer ein »frommes« Kind gewesen, lief oft in eine Kirche, nur um zu beten, und ging gerne mit dem (katholischen) Großvater in die Messe mit. Von ihrer mysterienhaften Handlung ließ ich mich andächtig umfangen, und ich konnte etliche Passagen aus der Liturgie singen. Das Paternoster konnte ich lateinisch hersagen. Am Ave Maria störte mich, daß die Leute es nur herunterleierten und ich es von den Beichtigern zwecks Sündenablaß mehrmals zu beten aufgetragen bekam. Auch ärgerte es mich, wenn wir vor jeder Unterrichtsstunde das »Gebenedeiet seist du, Maria« sprechen mußten. Aber noch ärgerlicher war es mir, wenn die meisten meiner Klassengefährtinnen dabei kicherten. Sie hatten sich angewöhnt, das Gebet zu verändern. Als ich hörte, wie die schlesischen Kinder meiner Klasse murmelten: »Der Engel des Herrn trat zu Maria und brachte ihr die Potschen«, wurde ich hell empört, baute mich nach Pausenende vor der Klasse auf und donnerte sie an: »Wer von euch noch einmal im Ave Maria Potschen sagt, dem hau ich eine runter!« (Potschen heißen in Schlesien nämlich die Pantoffeln.) In diesem Augenblick hatte die Unterrichtsschwester den Raum betreten, und sie befahl mir, nach Stundenschluß zu ihr zu kommen. Ich wußte natürlich, worum es ging. Die Schwester wollte von mir wissen, wer das Sakrileg begangen hatte. Als ich mich weigerte, Namen zu nennen, sah sie mich gütig an und sagte: »Gut war's von dir, daß du das Gebet nicht hast entheiligen lassen wollen. Ich will dich nicht zwingen zu verraten, was du nicht verraten willst.« Das werde ich ihr nie vergessen.

Aber dem Kaplan konnte ich nicht vergessen, daß er mich in der Beichte aushorchen wollte.

Nach dem Beichterlebnis bat ich meine Eltern, mich nicht länger in der Klosterschule zu lassen. Der Kaplan hatte mich vom Katholizismus abgeschreckt. Zwar hatte ich mit ihm nur ein lächerlich kleines Abbild der Methoden der Inquisitionsverhöre erlebt, aber ich wollte mich jetzt lieber zu den Lutheranern zählen, bei denen ich doch getauft worden war. Mir wurde versprochen, daß ein Schulwechsel auf ein »weltliches« Lyzeum nach den Ferien vorgenommen wird. Aber als die Ferien vergangen waren, konnte von einem Schulwechsel in Breslau nicht mehr die Rede sein.

Zum zweiten Male packte meine Mutter eiligst einen Koffer und verließ ihren Ehemann. Diesmal endgültig. Ich war in meinem 12. Lebensjahr, als ich dem geliebten Breslau für immer Ade sagen mußte. Schon in den letzten Jahren war es ständig zu heftigen Auseinandersetzungen zwischen den Eltern gekommen. Aber sie hatten sich doch letztlich immer wieder versöhnt. Im Juli 1932 sollte aber ein Ende gesetzt werden. Ich war nach der Schule in einen ihrer Streite hineingeraten, und wie schon so oft wollte ich Mutter und Vater durch bittende Worte besänftigen, bekam aber nun einen entsetzlichen Schlag versetzt. Die Mutter stellte mich mit einem Ruck vor einen großen Spiegel, deutete auf den hinter mir stehenden Mann und sagte zu mir: »Sieh dich an! Du siehst deinem Vater ähnlich! Dieser da ist nicht dein Vater.« Er war ebenso erschrocken wie ich und ging entsetzt aus dem Zimmer.

Ein Schrecken fuhr mir in die Glieder, von dem ich mich lange nicht erholen sollte. Ich war immer ein großes, kräftiges Kind gewesen, aber von jenem Tag an bin ich kaum noch gewachsen. Die Skier, die ich zu Weihnachten geschenkt bekommen hatte, konnte ich noch zehn Jahre später gebrauchen.

Er war immer gut zu mir gewesen. Nie bin ich von ihm – im Unterschied zur Mutter – geschlagen worden. Er war mit mir schwimmen und rodeln gegangen, hatte mich mit Reisen an die Ostsee und mit vielen Büchern beschenkt. Als Protestant, der die Ehe mit meiner katholischen Mutter in einer evangelischen Kirche hatte absegnen lassen, duldete er schweigend deren Rückwendung zum Katholizismus, und meine Erziehung in der Klosterschule ließ er tolerant zu. Nicht mein Vater? Er war zwanzig Jahre älter als die Mutter, sah aber viel jünger aus und besaß einen sportlich durchtrainierten Körper. Ich war immer stolz auf ihn. Und nun dieses Desaster!

Er hatte durch leichtsinnige Bürgschaften viel Geld verschleudert. Das mußte die Mutter kränken. Ihre rein slawische Seele – alle ihre Vorfahren waren ausnahmslos slawischer Herkunft – loderte wieder einmal heftig auf, als sie ihm an jenem Julitag sein finanzielles Versagen vorwarf. Schon damals wußte ich, daß sie zu aufbrausenden, ja jähzornigen Ausbrüchen neigen und im nächsten Augenblick wieder ganz mild sein konnte. Aber diesmal faßte sie einen folgenreichen Entschluß. Sie packte einen großen Koffer, nahm ihren Schmuck mit, verließ heimlich das Haus und kaufte zwei Fahrkarten nach Stettin. Ich weinte nicht, als der Zug sich in Bewegung setzte. Aber meine Kindheit war beendet.

Hinterpommern und ein Bild Rudolf Steiners

Trotz ihrer oftmals ungezügelten Heftigkeiten habe ich meine Mutter sehr geliebt. Sie verstand meine Wünsche, kaufte mir für ihr manchmal letztes Geld ein gewünschtes Buch, ließ mich Radtouren machen, wenn es große Ferien gab, bezahlte das Schulgeld und die Fahrkarte zur Schule in der nächsten kleinen Stadt. Sie vertraute mir auch an, was niemand wissen durfte, als am 30. Januar 1933 der Vorhang über Freiheit und Demokratie in Deutschland gefallen war. Sie war von Anfang an eine »Regimegegnerin«. In Breslau hatte man mich 1932 in die Hitlerjugend gesteckt, weil die Eltern überzeugt waren, daß »der Führer« eine Wende in der Not der Zeit bringen könne. Mein Großvater war damals erschienen und hatte die Eltern empört zur Rede gestellt: »Was soll das? Wißt ihr nicht, daß Hitler Krieg bedeutet?« Sie glaubten ihm nicht. Als aber im Februar 1933 der Reichstag brannte, wurde die Mutter zur überzeugten Antifaschistin. Sie half »den Roten«, wo immer sie konnte, versteckte gefährdete Juden und lehrte mich das Schweigen, eine Tugend, die in der NS-Zeit von größter Bedeutung sein sollte.

Sie war mit mir nach Pommern gegangen, in dem Glauben lebend, daß ihr Schicksal sich glückhaft wiederholen könne. Sie kaufte ein kleines Lebensmittelgeschäft in einer hinterpommerschen Kleinstadt. Doch sie hatte sich getäuscht mit ihrem Glauben an das Glück. Pommern war nicht Schlesien, und das 3000 Einwohner zählende Plathe an der Rega nicht die Großstadt Breslau.

Das Geschäft brachte nicht viel ein. In dem einzigen Zimmer hinter dem Laden gab es kein elektrisches Licht. Ich mußte diesmal aber nicht auf Stühlen schlafen, ich hatte ein Ziehharmonikabett. Das konnte verschwinden, wenn die Mutter ihre Näharbeiten machte und Kleider schneiderte. Denn das mußte sie, wenn sie uns durchbringen wollte. Aus derbem Holz ließ sie mir einen »Schreibtisch« machen und weiß anstreichen. Er war kein Hindernis bei den Anproben. Ich wurde dann immer in den Laden geschickt, wo ich sowieso nach der Schule den Verkauf zu übernehmen hatte. Sehr begeistert war ich nicht, wenn ich den Kunden Sirup verkaufen und ihnen hinterher Petroleum aus dem Faß in ihre Kanne gießen mußte. Es war ein Glück, daß es nicht viel Kundschaft gab. Ich hatte Zeit genug, um mir aus der nahen Schreib- und Buchhandlung Reek alle Leihbücher zu holen, die es dort gab. Schundromane fanden sich nicht in Reeks Plather Buchladen, aber erstaunlich viel gute Literatur. Die liebe Frau Reek lieh mir auch Bücher aus eigenem Besitz – Schillers und Goethes Dramen, Lessing und Grillparzer machte sie mir zugänglich. Schularbeiten wurden von solch einer Leseratte nicht unbedingt erledigt. Die Schule vernachlässigte ich kräftig, aber doch nur bis zu einer gewissen Grenze, weil ich auf Schulgeldfreiheit angewiesen war. Englische und französische Vokabeln wurden meistens erst kurz vor Beginn der Schule in der Eisenbahn nach Greifenberg »gepaukt«. Die Aneignung von Fremdsprachen fiel mir sehr leicht. In Deutsch und Geschichte war ich unschlagbar. Algebra und Geometrie kamen zu kurz, konnten mich aber nie gefährden. Ich war eine gute Schülerin, auch wenn ich nie fleißig gewesen bin. Es fiel mir alles zu.

Bei aller äußeren Armut, in der ich jetzt lebte, war ich vom Glück gesegnet. Das Greifenberger Lyzeum war eine Privatschule, deren Leiterin, die weißhaarige Elisabeth Langbein, eine ausgesprochene Schwäche für mich hatte. Sie konnte wunderbar Piano spielen und ließ sich in den beiden oberen Klassen dieser Schule liebend gerne von mir verführen, uns Beethoven-Sonaten vorzuspielen statt

Das Geschäft der Mutter in Plathe

44

Unterricht zu geben. Sie war genial in der Auswahl der Lehrkräfte ihrer Schule, wie ich bald zu spüren bekam.

Meine Mutter hat mich nie dazu angehalten, Schuleifer zu zeigen. Sie duldete alle meine Nebeninteressen. Doch sie mußte sich Sorgen um unsere nackte Existenz machen. Da sie zusätzlich schneiderte, war sie genötigt, eine Modezeitschrift zu abonnieren. Wie diese hieß, weiß ich nicht mehr. Diese Zeitung hatte nicht nur Schnittbogen für die Herstellung von modischen Kleidern, sondern auch einen kleinen kulturellen Teil. Daß ich ihn regelmäßig las, war eine Selbstverständlichkeit. So kurios es auch klingt, diese Modezeitschrift sollte für mein Leben von ausschlaggebender Bedeutung werden.

Es muß Ende 1934 gewesen sein, daß in ihrem Feuilleton ein Foto Rudolf Steiners und ein paar Worte über ihn erschienen. Das Bild dieses als »Geisteslehrer« bezeichneten Mannes beeindruckte mich sehr. »Mit ihm und seiner Anthroposophie solltest du dich später vielleicht mal beschäftigen«, meinte die Mutter. Sie selber habe es leider versäumt. Den Artikel mit dem Bild hob ich mir auf. Wer dieser Steiner eigentlich war, konnte mir in Plathe niemand sagen.

Dann wollte es aber mein Schicksal, daß ich es 1935 doch herausfand. Zu den hervorragenden Lehrkräften der Greifenberger Schule gehörte auch meine Klassenlehrerin im 8. Schuljahr, Helene Grünschloß. Sie gab ausgezeichneten Deutsch- und Geschichtsunterricht. Keiner meiner Lehrer, alle Universitätsprofessoren eingeschlossen, hat mich so nachhaltig beeindrucken können wie sie. Wie ich später herausbekam, war sie auf dem Waldorfseminar in Stuttgart und danach in Paris gewesen, ehe sie in die hinterpommersche Privatschule kam.

Bei ihr begegnete ich nicht nur Innozenz III. und dem Vierten Laterankonzil wieder. Sie brachte mir das ganze Mittelalter nahe, und ich war begeistert. Obendrein stammte sie aus Schlesien! Und wie mir das Steiner-Bild aus der Modezeitung verraten konnte, war sie Anthroposophin. Das entdeckte ich, als ich einmal gebeten wurde, nach der Schule einen Packen zu korrigierender Diktathefte auf meinem Weg zur Bahn in ihr Haus vorbeizubringen. Im gleichen Haus wohnte auch ihre Kollegin, meine Englischlehrerin Stella Dammrich. Als ich die Wohnung betrat, hätte ich beinahe alle Hefte fallen gelassen. Über dem Schreibtisch hing das Steiner-Bild, das ich mir aus der Modezeitung ausgeschnitten hatte. »Das ist doch Rudolf Steiner!« rief ich. Die beiden Lehrerinnen waren sprachlos.

Diese Göre aus Plathe in Hinterpommern hatte Rudolf Steiner erkannt. Und nicht nur das. Sie bat auch noch um Bücher von ihm. Das brachte »Schloß« und »Stella« – wie sie unter uns Schülerinnen genannt wurden – offenkundig in Verlegenheit. Ich sollte warten mit solcher Lektüre, hieß es. »Später vielleicht...« Aber ich hatte eine Trumpfkarte in der Hand. Kurz darauf hörte ich in den Radionachrichten um sieben Uhr früh, also bevor ich zur Schule nach Greifenberg fuhr, daß die Anthroposophische Gesellschaft verboten worden war. In der ersten Großen Pause suchte ich nach »Schloß« und teilte es ihr flüsternd mit. Es schien, daß sie schon länger damit gerechnet hatte. Doch nun wiederholte ich auch gleich noch meine Bitte um Steiner-Bücher. Was sollten meine beiden anthroposophischen Lehrerinnen jetzt tun?

Es war eine heikle Situation für sie entstanden. Man muß sich einmal vorstellen: Hitlerreich, Verhaftungen, Berufsverbote, politische Prozesse und eine überwältigende Mehrheit von fanatischen Anhängern der NS-Ideologie. Und dann kommt eine Schülerin, die auch noch in der Hitlerjugend, im BdM (Bund deutscher Mädel) organisiert war, und will verbotene Bücher von Rudolf Steiner geliehen bekommen. Ich begriff sofort, in welche Lage ich meine Lehrerinnen gebracht hatte. Um sie zu beruhigen, ging ich nach der Schule schnell zu ihrer Wohnung und verriet ihnen, wie sehr meine Mutter unter der Naziherrschaft litt und was sie zu Steiner gesagt hatte. Ich wisse von KZs und Hitlers Schandtaten. Die Mutter habe mich das Schweigen gelehrt, versicherte ich ihnen. Und so begann mein Weg in die Anthroposophie.

Weil man mit mir einige Vorträge gelesen und ich mich seit dem sechzehnten Lebensjahr an die »Theosophie« Steiners herangewagt hatte, hielt man es für möglich, mich 1936 nach Dornach mitzunehmen. Ich sah das Goetheanum, ich sah Eurythmie-Aufführungen, ich sah die Glasfenster. Zum ersten Mal erlebte ich, wie Engländer, Franzosen, Schweizer und Deutsche in den Pausen miteinander redeten. Internationalität! Ein großes Ereignis für mich, die ich aus Nazideutschland kam. Man zeigte mir »Frau Doktor« (Marie Steiner), Albert Steffen und Guenther Wachsmuth, die drei damaligen Vorstandsmitglieder, die in der ersten Reihe saßen. Es war wunderbar. Schwierig aber für die deutschen Tagungsgäste. »Die Gesellschaft« war verboten, und sie konnten nur zehn Mark in Schweizer Franken umtauschen. Mir fiel es nicht schwer, auf Stroh in einer leeren Garage zu übernachten. Aber all die anderen Deutschen? Es waren nicht sehr viele, die damals aus Deutschland zu der Dornacher Sommertagung gekommen waren. Das war begreiflich. Umso mehr staunte ich, daß alle nichtdeutschen Tagungsteilnehmer Deutsch verstanden und deutsche Sprachgestaltung machten. Ich kam mir vor, als wäre ich in Thomas Morus' »Utopia« gelandet, von dem ich schon gehört hatte. Bevor ich wieder nach Deutschland zurückfahren mußte, wurde mir ein kostbares Geschenk zuteil. Im Goetheanum stand nämlich ein Büchertisch im Vestibül, den ich in den Pausen immer umschlichen hatte. Eine kleine weißhaarige Frau verkaufte hier Zyklen und schmalgeheftete Einzelvorträge an Interessenten. Es war »Mückchen«, die treusorgende

Behüterin des von Marie Steiner verwalteten Verlags der Werke Rudolf Steiners: Johanna Mücke.

Mit ihren flinken Äuglein hatte sie gleich gesehen, wie ich den Büchertisch umlauerte, und sie hat wohl auch bald erkannt, daß ich aus Nazideutschland kam. Als ich ein letztes Mal den Tisch betrachten ging, holte sie einen broschierten, stark lädierten Steiner-Vortrag aus einem Karton hervor: »Nehmen Sie ihn mit. Aber Vorsicht!«

Nach Greifenberg zurückgekehrt, begann zwei Tage später die Schule, und ich konnte meiner Mutter für ihr Schweigegebot danken. Ich durfte auf keinen Fall sagen, wo ich gewesen war. Meine Klassengefährtinnen prahlten mit ihren Ferienerlebnissen an der See oder im Gebirge. Weil ich nur still zugehört hatte, fragten sie mich, wo ich denn gewesen sei. Da fiel mir zum Glück mein Breslauer Kaplan ein und ich griff zu einer »Notlüge«, deren Sinn er uns auseinandergesetzt hatte. »Im Schwarzwald«, sagte ich ohne zu zögern und malte die Schönheit der Berge aus, an denen ich ja auch wirklich vorbeigefahren war. Gepriesen sei der Kaplan.

Ein halbes Jahr später beendete ich meine Greifenberger Schulzeit. Die Schule war nur zehnklassig, und was nun? Meine Mutter wollte mich zur Gutssekretärin ausbilden lassen und hatte dafür auch schon die Zusage der Gräfin Bismarck erhalten, die ein Rittergut bei Plathe besaß. Bismarck, also doch Bismarck! Nein, das konnte und durfte doch nicht sein. Die Greifenberger Schule ließ es nicht zu. Die Lehrkräfte »legten zusammen«, d. h. sie bezahlten mir den Umzug nach Stettin, wo ich die Oberstufe eines Lyzeums besuchen und Abitur machen sollte.

Vor Kriegsausbruch in Stettin

Beim Hausmeister des Gebäudes der Landesversicherungsanstalt, das wilhelminisch prunkvoll auf der Stettiner Hakenterrasse stand, wurde ich im Souterrain einlogiert. Das beste an der Hakenterrasse war die Oder, auf die man hinunterblicken konnte. Es war nicht mehr ein reiches Breslauer Kind, das den Strom begrüßte. Doch eine neue Lebensphase konnte beginnen.

Die Mutter schickte mir jeden Monat zehn Mark und ein großes Lebensmittelpaket. Sie hatte mich glauben gemacht, daß ich damit durchkommen würde, wenn ich Nachhilfestunden geben und die Adressenschreiberei bei einer kleinen Firma übernähme. Mutig und fröhlich brach ich auf nach Stettin. Mit den Nachhilfestunden kam ich sehr gut zurecht. Es schien mir ein pädagogisches Talent angeboren zu sein. Mühelos hatte ich schon in Plathe eine Gruppe von 150 »Jungmädel« geführt, einmal wöchentlich einen »Heimabend« gestaltet, ihnen Dutzende von Volksliedern beigebracht und sogar ein Krippenspiel (!) eingeübt. Der »Ortsgruppenleiter« der NSDAP duldete es anerkennend, weil meine »Jungmädel« so schön singen könnten. Die Erteilung der Nachhilfestunden war für mich also kein Problem.

Es nahm mir nur viel Zeit und Kraft. Meine Lehrer an der K. A. V. (Kaiserin Auguste Viktoria-Schule) schienen das bemerkt zu haben. Sie verschafften mir einen »Freitisch« zum Mittagessen. Und es wäre noch lange so weitergegangen, hätte ich mir nicht eine Nierenbeckenentzündung zugezogen. Vier Wochen mußte ich nur liegen und »Helenenquelle« trinken. Ich benutzte die Zeit, um mir Selbstunterricht in Latein zu geben. Als ich wieder zur Schule gehen konnte, überraschte ich den Lateinlehrer, »Julian« genannt, mit der Bitte um Teilnahme an seinem Unterricht, der fakultativ war. »Julians« mir aus Cäsars »Bellum Gallicum« vorgelegte Sätze verschafften mir Zutritt zu seiner von römischer Antike durchtränkten Lehrkunst. Er war ein Unikum, eine Lehrerfigur, wie man sie in vergnüglichen Romanen dargestellt findet. Aber auch andere seiner Kollegen waren Farbtupfer im Bild dieser ziemlich eintönigen Schule, echte »Originale«. So auch meine Englischlehrerin Dr. Falkenberg, die eigentlich gerne Opernsängerin geworden wäre, uns rücksichtslos mit dem schwierigen Englisch von Macaulays »History of England« plagte, montags aber in die Stunde kam und den Seufzer ausstieß: »Das Schönste an Stettin, das Schönste an Stettin – man fährt zwei Stunden Eisenbahn, dann ist man in Berlin!« Da wußten wir, wo sie wieder einmal gewesen war: in der Berliner Staatsoper. Sie war übrigens auch die Bibliothekslehrerin der Schule. Als ich mir einmal zwei Bände von Franz Marcs »Briefen aus dem Felde« herauszog, runzelte sie die Stirn: »Sie wissen doch, daß diese Bücher nur versehentlich in der Schulbibliothek stehengeblieben sind? Franz Marc gehört zu den entarteten Künstlern!« Aber sie gab mir die beiden Bände mit. Sehr lange behielt ich die ausgeliehenen Bände. Sie vermutete, daß ich absichtlich den Marc zurückzugeben vergaß. Wenn er mir etwa verlorengegangen sei, müsse ich ein Ersatzbuch bringen, sagte sie augenzwinkernd. Da kaufte ich Rosenbergs »Mythos des 20. Jahrhunderts« und überreichte ihr, ebenfalls augenzwinkernd, diesen Nazi-Schmöker für die Bücherei. Sie lachte. Ich ahnte längst, daß sie keine Nazi war. So verständigten sich Regimegegner, ohne sich zu offenbaren. Jahre später, es war schon Krieg, soll Dr. Falkenberg von der »Gestapo« verhaftet und in ein KZ (Konzentrationslager) gebracht worden sein. Sie habe es aber überlebt, erfuhr ich.

Von ganz anderer Art als sie war unser genialischer Musiklehrer Wappenhensch. Er glühte vor Begeisterung, als der »Anschluß« Österreichs durch Hitler erfolgt war. Wappenhensch, der ganz auf Furtwängler und dessen Interpretation der Beethoven-Symphonien eingeschworen war, teilte mit ihm auch die Verehrung des »Führers«. Ein guter Musiklehrer war er trotzdem. Irrtümlicherweise glaubte er, ich besäße das absolute Tongehör, denn ich hatte mir noch in Plathe ohne Violinlehrer das Geigenspiel selber beigebracht. Mit meiner, für nur sieben Mark von einem armen Zigeuner erworbenen, etwas schadhaften Violine hatte ich um Aufnahme in das Schulorchester gebeten. Wappenhensch lieh mir ein besseres Instrument und ließ mich bei den zweiten und dritten Geigern mitspielen.

Mit meinem Geographielehrer, Dr. Seick, fand ich mich in ähnlicher Weise in Übereinstimmung wie mit »der« Falkenberg. Er hat mir im Reifezeugnis (Abitur) eine Eins in seinem Fach gegeben, obwohl ich sie nicht verdient hatte. Von mir darauf angesprochen meinte er, ich hätte diese Glanzzensur eigentlich in Geschichte erhalten müssen, aber wegen meiner oft kritischen Gegenwartsbemerkungen sei sie mir wohl nicht erteilt worden. Deshalb habe er mir die Eins gegeben. Er hatte recht, der liebe Dr. Seick. Ich war falsch beurteilt worden. Aber was sollte auch meine Geschichtslehrerin, die Studienrätin Hofmaier, mit einer Primanerin machen, die ihr dauernd widersprach? Sie hatte uns für Bismarcks »Gedanken und Erinnerungen« erwärmen wollen. Aber ich konnte mich für den Gründer des Deutschen Reiches von 1871 nicht begeistern, hielt immer seine verhängnisvollen »Sozialistengesetze« dagegen, und so lagen sie und ich dauernd im Clinch. Als einzige Lehrkraft der Schule wußte sie außerdem, daß ich politisch nicht ganz »koscher« war, Rudolf Steiner las und Dornach kannte. Ihre Nichte Irmgard Hürsch (später Waldorflehrerin in Hamburg) mußte es ihr vielleicht ganz harmlos erzählt haben. Getroffen hatte ich die um zwei Jahre jüngere Irmgard in der Stettiner Christengemeinschaft. Die Glückliche besaß einen Schweizer Paß. Ihre Mutter war Anthroposophin und mit einem Eidgenossen verheiratet. Irmgard lebte aber in Deutschland bei ihrer Tante, meiner Geschichtsstudienrätin in Stettin.

Von der Christengemeinschaft wußte ich, weil ich in Dornach gesprächsweise von ihrer Existenz erfahren hatte. Und gleich nach der Genesung von meiner Nierenerkrankung war ich in Stettin zu dem dortigen Pfarrer Wilhelm Salewski gegangen, um mich mit ihm zu unterreden. Er lud mich zu Vorträgen und auch zur Menschenweihehandlung ein. Die Anthroposophische Gesellschaft war ja in Deutschland verboten, aber die von Rudolf Steiners Geisteswissenschaft durchdrungene Christengemeinschaft lebte (noch).

Mein erster Gang zum Vortragsraum in Stettin ist mir in genauer Erinnerung geblieben. Ich betrat das Vorzimmer und erblickte einen Büchertisch. Ob es hier nicht auch jemanden wie Johanna Mücke in Dornach gab? Ja, den gab es. Aber es war keine weißhaarige kleine Gestalt wie sie, sondern eine noch sehr junge dunkelblonde Frau.

Zu ihr entwickelte sich in kürzester Zeit eine freundschaftliche Beziehung. Sie war die Seele der Stettiner Gemeinde, offen für alle Bedrückungen und Kümmernisse ihrer Mitglieder, hilfsbereit und gütig in jeder Lebenssituation. Ihr war auch die herrliche Eigenschaft eigen, Freundschaften stiften zu können, die Jahrzehnte währen sollten. Mir hat sie den Weg in die »Bewegung für religiöse Erneuerung« geebnet, weil sie mein aus Breslau mitgebrachtes Verständnis für Kultus und Priestertum noch vertiefen konnte.

Als wir uns 1937 kennenlernten, strebte die alles beherrschende NS-Ideologie ihrem Höhepunkt zu. Es bedurfte nur weniger Worte, und wir wußten, daß wir auf der glei-

Im Alter von 17 Jahren

chen Seite standen. Lotte Cochius machte mich mit der Familie Grawe bekannt, bei der ich bald aus- und einging. Grawes hatten unter dem Antisemitismus schwer zu leiden. »Mutter« Grawe war Jüdin, ihr Mann ein »Arier«, und ihre beiden Kinder Günter und Eva Maria wurden als »Halbjuden« diskriminiert. Lotte Cochius, der Stettiner Gemeindehelferin, war das nur Anlaß, die ganze Stettiner Christengemeinschaft zum Beistand für die Grawes anzuregen und sich schützend vor sie zu stellen. Wilhelm Salewski, der Stettiner Priester, hat einmal gesagt: »Vergessen wir nicht: der Christus Jesus war Jude!« Das konnte Lotte Cochius und mir nur wohltun, und die Gemeindemitglieder waren ohnehin nicht antisemitisch gesinnt.

Sooft ich Zeit hatte, besuchte ich die Familie Grawe, manchmal täglich, und immer bekam ich dort zu essen. Denn ich lebte allein in der großen Stadt und mußte mich selber versorgen. Das Ehepaar Grawe wurde zu meinen »Ersatzeltern«, ihre Kinder zu meinen »Geschwistern«. So erlebte ich alles, was ihnen widerfuhr, als träfe es mich selber: die scheuen Blicke der Hausbewohner, wenn man sie auf der Treppe traf (»Grüß mich nicht auf dem Kurfürstendamm«), den langsamen Rückzug der »alten Bekannten«, den kleinen Kreis derjenigen, die sich von dem allgemeinen Antisemitismus nicht anstecken ließen.

Als ich am 10. November 1938 in die Schule kam, erzählte sich die Klasse vom Brand der Synagoge und was sonst noch geschehen war. Einige Lehrer – zum Glück nicht alle – benutzten den Unterricht, um uns für den »gerechten Volkszorn« zu enthusiasmieren. Ich erschrak und beschloß, gleich nach der Schule per Fahrrad zur Wohnung meiner »Vizeeltern« zu fahren. Als ich vor dem Haus mein Fahrrad abstellte, kam ein Mann vorbei: »Wollen Sie zu denen da oben?« Ich blickte ihm gerade in die Augen: »Ja!« Darauf er: »Na, Sie müssen ja wissen, was Sie tun!« Ich wußte es. Ich wußte aber noch mehr, nämlich, daß wir beobachtet wurden und daß man mich bereits kannte.

Als ich an der Wohnungstür klingelte – mit dem verabredeten Zeichen –, hatte ich einen bangen Augenblick. Waren sie wohl noch da? Die Tür tat sich auf, und wir fielen uns in die Arme. Am Abend, als es dunkel war, gingen wir – an demolierten jüdischen Geschäften vorbei – zu der alten Großmutter, die mit einer ihrer Töchter in einem anderen Stadtviertel wohnte. Ich hatte sie vorher noch nie gesehen. Niemals werde ich vergessen, wie die zarte schöne Greisin sich freute, gerade an diesem Tag meinen Besuch zu bekommen. Ich sehe noch den siebenarmigen Leuchter vor mir, der in dem dunklen, kleinen Zimmer auf der Kommode stand. Die alte Dame war eine fromme Jüdin, aber sie hatte es verstanden, als zwei ihrer Töchter Nichtjuden heirateten und sich taufen ließen. Was sie nicht verstand, war das Geschehen nach 1933: Waren nicht beide Schwiegersöhne im Weltkrieg gewesen? Hatte sie sich selber – ungeachtet ihrer Konfession – nicht immer als Glied des deutschen Volkes gefühlt?

Die SA war dagewesen und hatte die Herausgabe von Wertgegenständen verlangt. Aber da war nichts zu holen, und der Leuchter erschien den braunen Schergen wertlos. Die alte Dame ist mit ihrer Tochter 1941 nach Polen verschleppt worden und dort in einem KZ umgekommen.

Als ich Lotte Cochius 1937 erstmals in Stettin begegnet war, konnten wir nicht ahnen, was uns in den nächsten Jahren bevorstand. Den Krieg habe ich in Stettin nicht mehr erlebt. Schon in seinem ersten Jahr war ich zum Studium nach Jena gegangen. Aber Lotte Cochius wurde wie viele Stettiner Frauen, Kinder und Alte wegen der immer heftiger werdenden Bombenangriffe der Alliierten auf deutsche Städte nach Ostpreußen evakuiert. Dort wurden die Evakuierten von der anrückenden Sowjetarmee überrollt. Lotte Cochius hat zuerst unter den Russen, danach unter den Polen schwerstens zu leiden gehabt, bis sie lange nach Kriegsende halb verhungert, ohne Schuhwerk und in Lumpen endlich wieder vor mir stand. Sie war glücklich und dankbar, daß Grawes überlebt hatten. In der schlimmsten Phase der Judenverfolgung, als die Himmlersche »Endlösung« begann und die Juden in den Konzentrationslagern gefoltert und vergast wurden, war es mir gelungen, »Mutti« Grawe bei meinen Freunden Borchers in Oldenburg in einem Schuhlager zu verstecken. Auch ihre Tochter Eva Maria war von diesen Freunden in geschickter Weise aufgenommen worden, und der Günter hat den Krieg einigermaßen überstehen können.

Lotte Cochius sah ich also wieder, als sie nach Oldenburg kam, zu der einzigen Adresse, die ihr im kriegszerstörten Deutschland geblieben war. Sie hat später dann das Priesterseminar der Christengemeinschaft in Stuttgart besucht und ist mehrere Jahre darauf Priesterin in Chemnitz geworden. Auf sie geht auch eine andere Freundschaft zurück, die ich noch vor dem Krieg in meiner Stettiner Schulzeit schließen konnte: mit Kora Gaedke-Timm.

Kora war mir als eine gepflegte, sehr gut aussehende jüngere Frau in der Christengemeinschaft aufgefallen. Sie war die einzige »Dame von Welt«, die ich dort gesehen habe. Lotte Cochius stellte mich ihr vor, und sie lud mich zum Essen ein. Mit ihrer kleinen Tochter Jutta lebte sie in einer Atelierwohnung – hoch unterm Dach. Als ich sie betrat, fielen mir sofort die farbigen Schals, Seidentücher und herrlichen Wolldecken auf. Alles sah sehr künstlerisch aus, und es herrschte jene angenehme Unordnung im Atelier, die ich so gut von meiner Mutter kannte.

Man hatte mir erzählt, daß sie in Trennung lebte oder schon geschieden sei. Da ich selber meine Kindheit in einer zerrütteten Ehe erlebt hatte, wußte ich, was das heißt. Ich verstand ihre Lage besser, als sie wissen konnte, und brachte ihr große Sympathie entgegen.

Sie war nicht nur elegant, sie war auch belesen, sehr belesen. Man konnte sich mit ihr stundenlang über moderne Literatur unterhalten oder auch über die jüngsten Inszenierungen in Oper und Schauspiel. Da konnte ich nämlich mitreden, weil ich von meiner Dr. Falkenberg, die nicht nur für die Schulbibliothek, sondern auch für die Verteilung von Theaterkarten zuständig war, stets eine Freikarte geschenkt bekam. Was die Innen- und Außenpolitik des nationalsozialistischen Deutschland anging, verstanden wir uns bestens. Die angsterregende Judenverfolgung beunruhigte sie ebenso wie Lotte Cochius. Auch Kora stellte sich schützend vor die vom »Arierparagraphen« gedemütigte Grawe-Familie. Wir waren einer Meinung, als in der »Sudetenkrise« Deutschland durch Hitlers wahnwitzige Großmachtpolitik an den Rand eines Weltkrieges geführt wurde. Daß die Westmächte – wie später auch beim Einmarsch deutscher Truppen in die ČSR und Österreich – tatenlos zusahen, hat uns maßlos enttäuscht.

Kora Gaedke-Timm war noch nie in Dornach gewesen, als wir uns das erste Mal begegneten. Sie freute sich an meiner Schilderung der Strohlager-Existenz während der Sommertagung 1936 und drückte mir den Daumen, als ich mich 1938 abermals ins »feindliche Ausland« begab, um an der ersten Gesamtaufführung von »Faust I und II« im Goetheanum teilzunehmen. Ich war ganz erfüllt vom »Prolog im Himmel«, dem »Studierzimmer«, »Auerbachs Keller« und den »Gretchen«-Szenen, aber auch von »Faust II« mit der »Ariel-Szene«, dem »Helena-Akt«, dem »Ägäischen Meer« usw., usw. Durch die erstmalige Gesamtaufführung der Faust-Dichtung ging mir die Bedeutung der Eurythmie in der von Marie Steiner veranstalteten Inszenierung vollends auf. Die beiden kleinen Reclam-Bändchen, die ich damals stolz erworben hatte, befinden sich noch heute, angefüllt mit Dutzenden von Bleistiftnotizen, in meinem Besitz. Ich konnte sie durch die Bombenangriffe des Zweiten Weltkriegs und meine häufigen Ortswechsel hindurchretten. Sie erinnern mich an die begeisterte Primanerin, die sie einst in den Dornacher »Faust« mitgenommen hatte.

Meinen Goethe-Enthusiasmus nahm ich 1938 bei Ferienschluß ungebremst nach Stettin mit und lud ihn bei Kora ab. Das war vielleicht auch ein Grund für sie, in die Not meines Alltagslebens einzugreifen. Im Herbst verschaffte sie mir durch einen Bekannten, der in der Städtischen Verwaltung tätig war, eine monatliche Zuwendung von 30 Mark durch die Stadt Stettin. Das war viel Geld in einer Zeit, als das Ei drei Pfennige kostete. Ich fühlte mich reich.

Das Kind Jutta Gaedke-Timm, aus dem einmal die Leiterin des einst von Ita Wegman gegründeten Heimes »La Motta« in Brissago werden sollte, muß damals von mir nicht sehr angetan gewesen sein. Sie wurde oft zum Spielen weggeschickt, wenn ich erschien. Das war nötig, weil ich ja nicht nur vom »Faust« berichtete, sondern ihrer Mutter oft auch die neuesten politischen Witze erzählte. Der politische Witz hat in Diktaturen bekanntlich immer Hochkonjunktur, weil er ja das System und seine Träger persifliert. Im »Dritten Reich« konnte das Erzählen eines solchen Witzes mit KZ bestraft werden. Und im Jahre 1938 kannte ich davon mindestens drei Dutzend. Mit ihnen habe ich Furore gemacht, als ich mit der von den Nazis ausgebooteten Berliner Waldorflehrerin Leni Kiefel in den Sommerferien 1938 auf eine Schweizer Reise mitgenommen wurde. Meine beiden Greifenberger Lehrerinnen Helene Grünschloß und Stella Dammrich müssen ihr wohl von mir, dem Rudolf Steiner-Bild in der Modezeitung und meinem Interesse erzählt haben. Als Leni Kiefel mit zwei Schülern aus ihrer letzten Berliner Waldorfklasse trotz allgemeinen Verbots der Rudolf Steiner-Schulen noch eine Rundreise durch die Schweiz unternahm, durfte ich mit-

58

fahren. Das Geld für die Eisenbahnfahrkarte bekam ich von einem mir unbekannten Geldgeber geschenkt. Wie ich später erfuhr, stammte es von Herrn Hellmers, dem Bremer Kaffee-Importeur. Als wir Schüler nun auf der Schweizreise mit prall gefüllten Rucksäcken in Saint-Maurice herumstanden und die Rhone bewunderten, rollten plötzlich zwei Reisebusse mit Schweizer Kennzeichen an. Die aussteigenden Insassen sprachen ein waschechtes Hochdeutsch. Es konnten also keine Schweizer sein. Ich vermutete, daß es deutsche Emigranten sein könnten, die gemeinsam eine Tour in ihrem Gastland unternahmen. Die Ausgestiegenen hörten uns berlinerisch reden, und einer der Busreisenden kam auf uns zu: »Was wollt Ihr Neudeutsche eigentlich in der freien Schweiz?« Aus seinem abfälligen Ton schloß ich, daß die Emigrantenvermutung nicht falsch war. Mit »Neudeutschen« in seinem Sinne hätten wir nichts zu tun, erwiderte ich und bot ihm an, diesen Tatbestand durch einen bissigen politischen Witz zu erhärten, wie er unter den Nazigegnern in Deutschland kursierte. Er lachte schallend, rief seine Gefährten herbei, und ich erzählte einen Witz nach dem andern. Bald war ich von lauter deutschen Emigranten umringt und erntete schallendes Gelächter. Dann nahm einer der Männer seinen Hut und sammelte Geld für diese jungen Deutschen, die doch nur mit dem obligaten Umtauschgeld von 10 Mark pro Monat über die Grenze haben kommen können. An die 50 Franken wurden mir überreicht. Die Berliner Waldorfschüler ließen es nicht zu, daß ich diese »stolze« Summe unter uns aufteilen wollte. »Du hast doch die Witze erzählt. Dir gehört mindestens die Hälfte.«

Auf der Rückreise fuhren sie direkt nach Berlin. Ich stieg jedoch in Basel aus, nahm die Tram nach Dornach, wo gerade Sommertagung war, und begab mich stracks zum Büchertisch im Goetheanum. Johanna Mücke begrüßte mich herzlich, und strahlend zeigte ich ihr meine 25 Franken.

»Wo haben Sie denn so viel Schweizer Geld her?« fragte sie, meine Geldknappheit kennend. »Dank deutscher politischer Witze!« antwortete ich, woraufhin Johanna Mücke mit mir in einem kleinen Raum verschwand und sie sich brühwarm erzählen ließ. Nachdem sie ausgiebig gelacht hatte, meinte sie, mit diesen Witzen müsse sie sogleich zu »Frau Doktor« gehen. Das hat sie dann auch getan. So kam die Kunde von meinen Saint-Maurice-Witzen direkt zu Marie Steiner, die von den Vorgängen in dem von der Welt abgeschlossenen Deutschland ja immer sehr berührt war.

Nach diesem zweiten Aufenthalt in der Schweiz und in Dornach begann für mich eine glückliche Phase in meinem Stettiner Schülerleben. Weil ich nun keine Nachhilfestunden mehr geben mußte, fühlte ich mich viel freier, noch mehr zu lesen als vorher. Von der Internationalität Dornachs beeindruckt, eignete ich mir noch als Stettiner Schülerin die großen Romane der französischen und englischen Literatur an. Aus der Stadtbibliothek hatte ich mir die Werke von Hugo, Balzac, Flaubert, Maupassant ausgeliehen, las aber auch Defoe, Sterne, Byron, Dickens, Kipling. Man mußte sich doch ein Gegengewicht zu der Deutschtümelei schaffen, zu der »Blut- und Boden«-Literatur, mit der wir überschwemmt waren! Besonders intensiv vertiefte ich mich aber in die Russen. Gogol, Turgenjew, Tolstoi und Dostojewski las ich nächtelang und kann mich heute nur wundern, wie ich es trotzdem geschafft habe, mit guten Ergebnissen die Schuljahre vor dem Abitur zu absolvieren.

Die intensive Beschäftigung mit der russischen Literatur des 19. Jahrhunderts half mir sehr, das Verhältnis zu meiner Mutter zu klären. Ich begann, ihre abrupten Entschlüsse, ihre Zornausbrüche und jähen Wendungen zu Güte und Milde allmählich mehr und mehr zu verstehen. In Tolstois »Kreuzersonate«, aber auch in Dostojewskis

»Brüder Karamasow« fand ich Wesenszüge meiner Mutter wieder. Mit ihrer slawischen Seele verhalf sie mir zur Liebe für die russischen Meisterwerke und zu den Russen überhaupt. Das sollte noch von großer Bedeutung für mich werden.

Als 1939 der Hitler-Stalin-Pakt geschlossen wurde, versuchte ich recht unbeholfen, einigen wenigen Freunden, die alle gegen das Naziregime waren, Stalins Grausamkeiten aus der inneren Notlage der Sowjetunion zu erklären. Aber wo waren meine Freunde politisch eigentlich angesiedelt?

Je enger und beklemmender die deutschen Verhältnisse für die Regimegegner geworden waren, umso mehr hatten sie sich in die »innere Emigration« begeben. Während die meisten Deutschen dem trügerischen Glanz der NS-Ideologie verfallen waren, suchten sie Zuflucht in jenem »anderen Deutschland«, das von Hitler und seinen Gefolgsleuten mit Füßen getreten wurde. Widerstandsgruppen lernte ich in meiner Stettiner Schulzeit nicht kennen. Ich wußte nur, daß es welche gab, kannte aber weder Namen noch Orte. Man bewegte sich in dem merkwürdigen Zwielicht einer vagen Hoffnung und lebte von einem Tag auf den anderen. Kurz vor Kriegsbeginn begab ich mich in den Sommerferien 1939 für ein paar Tage noch einmal nach Dornach. Am politischen Horizont zogen sich bereits drohende Gewitterwolken zusammen. Hitler schürte in Presse und Rundfunk eine antipolnische Stimmung. Wo würde das wohl enden? Ein kleines Erlebnis aus jenen Dornacher Tagen Ende Juli / Anfang August blieb mir unvergeßlich.

Ich wollte nur in Frau Schopferers Lebensmittelladen ein paar Tomaten kaufen. Sie waren so schön und so billig in der Schweiz. Frau Schopferer kannte mich schon. Und während sie die Tomaten in die Tüte packte, sagte sie zu mir: »Ihr werdet's doch keine Händel anfangen!« »Ihr« –

das waren wir Deutschen, und »Händel« – das war die Angst vor dem Krieg. »Oh nein, Frau Schopferer, das wird der Hitler nicht wagen, er hätte ja die ganze Welt gegen sich«, erwiderte ich mit großer Überzeugung. Aber Hitler war dümmer als die Oberprimanerin. Als ich wieder nach Deutschland zurückkam, gab es keinen Schulunterricht mehr, Züge voller Soldaten standen auf den Bahnhöfen, Panzer rollten durch die Straßen. Am 1. September befahl Hitler den Überfall der deutschen Wehrmacht auf Polen. Frau Schopferer hatte doch recht behalten. Wir Deutschen »fingen Händel an«, aus denen der Zweite Weltkrieg wurde.

Bevor ich im August aus Dornach abfuhr, verabschiedete ich mich noch bei »Mückchen«, die ebenso besorgt war wie Frau Schopferer. Johanna Mücke riet mir, »Vorläufiges Mitglied« der Anthroposophischen Gesellschaft zu werden. Sie arrangierte ein Treffen mit Dr. Guenther Wachsmuth, der damals zusammen mit Marie Steiner und Albert Steffen den Vorstand bildete. Wachsmuth führte eine längere Unterredung mit mir, die er mit den Worten schloß: »Betrachten Sie sich vorläufig als Mitglied.« Ich hatte noch nicht das übliche Eintrittsalter für die »Gesellschaft« erreicht und war sehr erfreut. Seine ernsten Worte aber hielt ich nur für eine Ermutigung auf die Zukunft. Die »Vorläufigkeit« sollte freilich mehr als zwanzig Jahre dauern.

Nach meiner Rückkehr von der Sommertagung 1939 blieben die Schulen vorübergehend geschlossen. Wir aus der Oberprima bekamen das Abitur nachgeworfen und mußten entweder in den NS-Arbeitsdienst oder einen »Sondereinsatz« in Behörden ableisten. Ich war froh, daß ich dem straff organisierten »Arbeitsdienst« entgehen konnte, und meldete mich bei der Stadtverwaltung Plathe in Pommern, wo man der Abiturientin die Leitung (!) des »Ernährungs- und Wirtschaftsamtes« übertrug und dies

Die Abiturientin 1939 als Leiterin
des Ernährungs- und Wirtschaftsamtes
in der Stadtverwaltung von Plathe

als »Kriegshilfsdienst« deklarierte. Es gab sogar eine kleine Entlohnung während des halbjährigen Dienstes. Ich konnte den Lohn zusammensparen und rüstete mich für den Besuch einer Universität. Ohne NS-Arbeitsdienst gab es keine Zulassung an der Universität! Aber mein »Kriegshilfsdienst« war gleichbedeutend, und ich freute mich, daß ich dem überorganisierten NS-Staat wieder einmal ein Schnippchen schlagen konnte.

Ich habe also während des Krieges studiert und sogar promoviert. Die Kontakte zu anthroposophischen Menschen waren erschwert, und nach Dornach konnte man ja nun überhaupt nicht mehr fahren. Ich wartete auf das Kriegsende. Nach der totalen Niederlage im Mai 1945 hoffte ich auf einen Neubeginn, nicht nur in den politischen Strukturen, sondern auch innerhalb der Anthroposophischen Gesellschaft. Doch ich sollte schwer enttäuscht werden. Meine erste Begegnung mit deutschen Anthroposophen war niederschmetternd für mich.

Sie überschütteten mich 1946/47 mit »Streitschriften« zur »Nachlaßfrage« und mit heftigen Angriffen auf die von mir sehr verehrte Marie Steiner. Ich war damals schon promoviert und hatte mich mit der mittelalterlichen Streitschriften-Literatur des Kampfes Kaisertum contra Papsttum intensivst beschäftigt, kannte mich also in der Bewertung solcher Pamphlete recht gut aus. Daß »die Gesellschaft« auseinandergefallen war, konnte mich nach den Kriegserlebnissen nur erschüttern und abstoßen. So nahm ich mir vor, an der »Vorläufigkeit« meiner Mitgliedschaft nichts zu ändern und mich ausschließlich mit dem Werk Rudolf Steiners zu befassen, ohne mich bei einem der sich bekämpfenden »Zweige« zu melden. Nach vielen Jahren sah ich mich dann aber einmal veranlaßt, die Goetheanum-Leitung in Dornach vor einem infamen politischen Angriff zu warnen, von dem ich Kenntnis bekommen hatte. Ein Gespräch mit Dr. Poppelbaum führte zu

einer großen Überraschung. Er brachte mich zu meinem
Auto, und auf dem kurzen Weg meinte er freundlich, ich
sei ja wohl »Mitglied«. Da erzählte ich ihm von meiner
»Vorläufigkeit«, aber zwei Tage später bekam ich einen
Einschreibebrief aus Dornach. Inhalt: meine Mitgliedskarte, ausgestellt im August 1939. Ohne es zu wissen, war
ich schon fast 25 Jahre Mitglied. Man hatte mich als »freistehendes Mitglied am Goetheanum« geführt. Und es war
nur gut, daß man mir 1939 die endgültige Mitgliedskarte
mit Rücksicht auf die Zustände in der NS-Diktatur nicht
ausgehändigt hatte. Wäre sie etwa der Gestapo in die
Hände gefallen, hätte das Verhaftung mit nachfolgendem
Zuchthaus oder KZ bedeutet.

Doch zurück zum Ausgangspunkt meiner »Vorläufigkeit«. Nach Ableistung des »Kriegshilfsdienstes« begann
ich im April 1940 an der Universität Jena zu studieren.

Einer meiner ersten Wege durch die Stadt, in der Friedrich Schiller einst Geschichtsprofessor gewesen war, galt
der kleinen Buchhandlung Albert Steen, die interessante
Bücher ausgestellt hatte. Ich wollte den Beginn meines ersten Semesters feiern, indem ich mir selber ein Buch
schenkte. Es durfte aber nicht teurer sein als drei Mark.
Herr Steen kam ins Gespräch mit mir. Und während wir
noch plauderten, fiel mein Blick auf ein kleines Bändchen,
dessen Verfassername mir bekannt vorkam. Ich hatte von
ihm in Dornach gehört. Es war Karl Heyers »Das Schicksal
des deutschen Volkes und seine Not« (Stuttgart 1932).
Herr Steen verkaufte es mir verbilligt, denn mein Geld
hätte nicht gereicht. Der anthroposophische Historiker
Heyer stand also Pate bei meinem Einstieg in die mittelalterliche Geschichte. Welch ein Glück! Denn ich hatte
Angst vor der Geschichtswissenschaft an einer Universität,
die mit Hakenkreuzfahnen geschmückt war. Karl Heyer,
den ich erst zwanzig Jahre später persönlich kennenlernte,
sollte 1940 mein unbekannter Wegführer werden. Aber

auch mit Albert Steen wurde ein Faden weitergesponnen. Er war ein Sozialist der alten Schule und eng mit der nach Amerika emigrierten Hannah Arendt befreundet. So begann mein Studium von guten Sternen begleitet, einem anthroposophischen und einem sozialistischen.

»In Jene lebt sich's bene«

Geistig unverletzt war ich bisher durch die NS-Zeit gegangen. Immer hatte ich alle Klippen umschiffen können. Und so arm ich auch war, ich verachtete jeden Reichtum. Wie viele große Gestalten der Vergangenheit hatte es doch gegeben, die am Hungertuch genagt hatten! Ich war froh, daß ich arm war, ja beinahe stolz darauf. Finanziell völlig ungesichert hatte meine Mutter mich nach Jena ziehen lassen. Wenn Hungerleider kein Stipendium bekommen, sollen sie auch nicht studieren, und Arbeit findet man immer, war ihre Maxime. Ich hatte mir vorgenommen, vor dem Studium so viel zu verdienen, daß ich wenigstens ein Semester in Jena studieren könnte. Ich wollte in den Universitätsbetrieb »hineinschnuppern«, und das sollte im Lande Goethes und Schillers sein. Für alles, was danach kommen würde, ließ ich die Maxime meiner Mutter gelten.

Schon im ersten Semester merkte ich, woher der Wind an der Friedrich Schiller-Universität wehte. Sie hatte ihren alten Namen »Johann Friedrich« (Hanfried)-Universität aufgeben müssen, weil der NS-Kultusminister die Erinnerung an den Wettinerherzog und Gründer der ersten rein protestantischen »Hohen Schule« austilgen wollte. Aber die Studenten hatten bei der Namensänderung an das Hanfried-Denkmal in der Stadt ein Schild gehängt: »Ich heiße Friedrich Schiller«, und die Jenenser lachten immer noch, wenn sie einem davon erzählten.

Ein sehr freundlicher Student – 6. Semester Jura und kurze Hose – holte mich bei meiner Ankunft am Jenaer Bahnhof ab und begleitete mich in meine »Bude«. Meine Greifenberger Sportlehrerin, Fräulein Marx, war mit ihm bekannt und hatte sich das für mich ausgedacht, obwohl ich sie drei Jahre nicht gesehen hatte. Die »Bude«, die er mir besorgt hatte, war ein hübsches Zimmer in einem Einfamilienhaus, dem damals höchstgelegenen Haus von Jena: Landgrafenstieg. Es gehörte einem noch jungen Ingenieur der Carl Zeiß-Werke. Man hatte einen einzigartigen Blick auf die Stadt und den »Jenzig«, den Schiller einst als den »Berg mit dem rötlich strahlenden Gipfel« besungen hatte. Bei Sporkerts war ich gut aufgehoben, denn als ich fragte, ob ich das in meinem Zimmer hängende Hitler-Bild abnehmen dürfte, willigte Frau Sporkert sofort ein. Sie war hoch erfreut, daß ich »den Führer« gegen eine aus Dornach mitgebrachte Wolffhügel-Reproduktion austauschte. Sie und ihr Mann hätten an der Technischen Hochschule in Stuttgart studiert und Waldorflehrer zu Freunden, weshalb sie auch wisse, was für ein Vogel ihr ins Haus geschneit sei.

Es war ein herrlicher Frühling in Jena. Zum ersten Male habe ich mich dort als ein freier Mensch gefühlt. Das Schlachtfeld von 1806 und den »Napoleon-Hügel« hatte ich schon bewundert, bevor ich die Universität in Augenschein nahm. Auch den Gasthof, den Kleist in seiner Erzählung »Anekdote aus dem letzten preußischen Krieg« erwähnt hat, ging ich suchen. Um das Universitätsgebäude kümmerte ich mich nicht gleich. Erst als ich in der Stadt die Stelle gefunden hatte, wo Goethe und Schiller Freundschaft geschlossen und über die »Urpflanze« geredet hatten, begann ich mich für die Universität zu interessieren. Ernst Abbe hatte sie errichten lassen − Ernst Abbe, der arme Arbeitersohn, der Wissenschaftler geworden war und mit dem Handwerkermeister Carl Zeiß zusammenarbeitete, um die berühmten Zeiß-Gläser entstehen zu lassen. Wilhelm Salewski hatte mir davon erzählt. Was konnte man nicht alles in Jena sehen und erleben!

Mein Jurastudent hatte schon sechs Semester studiert, aber nur sehr wenig von Landschaft und Geschichte des

»närrischen Nestes«, wie Jena einst genannt wurde, aufgenommen. Er begleitete mich auf Schritt und Tritt, ging mit mir in die Mensa essen und brachte mir die schönsten Feldblumensträuße. Meine Zuneigung zu ihm aber sank bald in sich zusammen. Er wollte sich mit mir nach den Vorlesungen verabreden, und ich schlug vor, daß wir uns »am Michelangelo« treffen. Ganz verdutzt sah er mich an, und ich mußte ihn belehren, daß er mehrmals täglich an einer Kopie des Moses von Michelangelo vorbeiläuft, die im Flur zu den Jura-Räumen stand. Er wußte nicht, welche Bedeutung seine Unkenntnis des großen Meisters für unsere Beziehung haben sollte. Gut, er war Jurist, und ich studierte Deutsch und Geschichte. Aber er hätte sich doch wenigstens für die Kunst der Renaissance interessieren können, fand ich ziemlich hochnäsig. Er ließ sich nun etwas sehr Nettes einfallen. Am Sonntag lief er mit mir den weiten Weg zu den Dornburger Schlössern, die Goethe so gerne besucht hat. Das wußte er. Angekommen bei den Schlössern deutete er auf eine jasminumwachsene Laube, und errötend sagte er: »Dort haben sich schon viele Menschen verlobt.« Ich erwiderte nur ziemlich verächtlich: »Na und?« Wenig später traf sein Freund per Bahn in Dornburg ein. Er hielt einen Rosenstrauß und eine Weinflasche in den Händen. Er schien gratulieren zu wollen und war sehr enttäuscht, daß es wegen Michelangelo zu keiner Verlobung gekommen war. Den Wein tranken wir dennoch fröhlich aus, und die Rosen steckte ich lachend in die Vase. Beide Freunde wurden nach Semesterende »eingezogen« und mußten Soldaten werden. Einen von ihnen, meinen verliebten Jasminlaubenstudenten, habe ich noch einmal in Leutnantsuniform und dekoriert mit eisernem Kreuz wiedergesehen, als er auf Kurzurlaub nach Jena gekommen war. Er war ein guter, lieber Junge. Feldpostbriefe an ihn kamen mit dem Vermerk zurück: »Vermißt«... Wir lebten eben im Krieg. Mich wundert es noch immer, daß man damals trotz aller politischen Bedrückungen auch lachen und scherzen konnte.

Das erste Studiensemester in Jena verlief überaus reich an persönlichen Erfahrungen und politisch-historischen Ereignissen. Die deutschen Truppen rückten unaufhaltsam vor, waren in Belgien und den Niederlanden eingefallen, und man fragte sich, wie es weitergehen würde und ob Hitler eine Invasion Englands in Betracht zog. Das geschah (noch) nicht. Man konnte sich ohne weiteres ans Studieren machen und lebte fröhlich in den Tag. Vor kurzem fiel mir mein Studienbuch in die Hand, und ich konnte nur so staunen, was ich »Erstes Semester« so alles belegt habe: germanistische Vorlesungen über deutsche Romantik und über historische Grammatik, eine theaterwissenschaftliche Übung über Wagner und Verdi, geographische Vorlesungen und Exkursionen ins Thüringerland, eine Einführung ins Italienische, selbstverständlich auch Geschichte mit Vorlesungen und Übungen zum späten Mittelalter und für die Zeit von 1890 bis 1933. Neuere Geschichte lehrte Professor Dr. Günther Franz, der in SS-Uniform erschien, so daß ich gleich wußte, woran ich bei ihm war. Franz hatte auch über die Anträge zur Befreiung von Studiengeldern zu entscheiden. Da ich darauf angewiesen war, mußte ich mir ein Herz fassen, als ich mich gleich zu Beginn des Semesters genötigt sah, ihn zu korrigieren. Er hatte nämlich gegen die Staatsfeinde in der Zeit der Weimarer Demokratie gewettert und dabei »den Juden Rudolf Steiner« erwähnt. Ich paßte ihn deshalb nach der Vorlesung ab und klärte ihn über seinen Irrtum auf. Das war in Anbetracht des Verbots der Anthroposophischen Gesellschaft gar nicht so ungefährlich, und ich fürchtete, daß er mich fragen würde, was ich mit den Anthroposophen zu tun hätte oder woher ich »den Steiner« kenne. Eine ehrliche Antwort hätte dann meinem Studium sofort ein Ende gesetzt. Da fiel mir zum Glück der Apostel Paulus ein, der in Verfolgung und Not geschrieben hatte:»Ich schäme mich des Evangeliums Jesu Christi nicht...«; und da war es dann nicht mehr schwer, dem SS-Professor ins Gesicht zu sehen. Erstaunlicherweise bedankte er sich für meine Korrektur und stellte seinen Fehler in der nächsten Vorlesung sogar richtig. Da war ich sehr froh. Gleich zweimal Rudolf Steiner, in einer Semester-Vorlesung an der Jenaer Universität während der Nazizeit, und das zweite Mal sogar mit einer Bemerkung über dessen soziales Engagement, von dem ich Franz gesprochen hatte. Meinen Antrag auf Studiengeldbefreiung befürwortete der von mir korrigierte Professor Franz. Das soll gesagt sein, schon aus dem Grunde, weil dieser SS-Mann in späteren Semestern von meiner »politischen Unzuverlässigkeit« erfuhr und sich schützend vor mich stellte!

Es gab aber auch heitere Momente in meinen ersten Semestern. Ich entsinne mich noch an eine Kleist-Übung bei Professor Witte. Dieser Germanist hatte eine Schwäche für Symmetrie und war felsenfest davon überzeugt, daß genau in der Hälfte eines Romans oder Dramas der Schlüssel für das ganze Werk zu finden sei. Dauernd elendete er uns mit »der Hälfte«, so auch bei dem Kleist-Seminar. Ein kriegsversehrter Student, der wieder studieren durfte, hatte über die »Hermannsschlacht« zu referieren, ging leicht sarkastisch auf Wittes Vorliebe für »die Hälfte« ein und erklärte, er habe den Text genauestens durchgezählt und gefunden, daß der Satz »Holla, holla – die Hörner!« exakt in der Mitte des Dramas stünde. Schallendes Gelächter brach aus, und der beleidigte Professor verließ empört den Seminarraum.

Er besaß bei weitem nicht so viel Humor wie Professor Karl Heussi, der Verfasser des allen Theologen noch heute bekannten und in vielen Auflagen wieder erschienenen »Kompendiums der Kirchengeschichte«. Nicht nur, daß Heussi uns Papsturkunden mit der süffisanten Bemerkung nahebrachte:»Wieder so 'ne nette kleine Fälschung...« Er verfügte auch über eine herrliche Selbstironie. Als ich mich zum Beispiel einmal am Semesterschluß einer sogenannten »Fleißprüfung« bei ihm unterziehen mußte – das war erforderlich, um Befreiung von den Studiengebühren zu erhalten –, trug sich folgendes zu: Ich stand mit einem Konsemester auf ihn wartend am Fenster des Flurs im Theologischen Seminar. Gelangweilt und melancholisch ob des trüben Februarwetters sah ich auf einen halbverhungerten Hund hinab, der schnüffelnd und vergeblich nach einem Bissen Futter suchte. »Auch so ein armer Hund!« bemerkte ich und dachte an die Prüfung. In diesem Moment hörte ich Heussis Stimme hinter meinem Rücken:»Meinen Sie vielleicht mich?« Er holte mich lachend in sein Zimmer, und es gab überhaupt keine Prüfung. Er ergriff ein Formular, unterschrieb es und überreichte es mir:»Ich kenne Sie doch«, grinste er. Diesem Erzprotestanten verdanke ich viel, mehr noch als meinem Kaplan aus der Breslauer Klosterschule.

Zu Heiterkeit verhalf mir in dem ersten Semester auch ein kleines Mädchen, das eines Tages bei mir an die Tür klopfte und Bücher aus seinem kleinen Rucksack zog, die ich mit seiner Mutter im Proseminar teilen mußte. Die Mutter hieß Ingeborg Meinhof und das dunkeläugige fröhliche Kind Ulrike. Ich wußte, daß die Mutter ihren Mann verloren hatte, der zu Kriegsbeginn einem Krebsleiden erlegen war. Das Kind Ulrike war von guten Geistern an der schrecklichen Leidenszeit des Vaters vorbeigeführt worden. Wie ein Ausbund unbekümmerter Fröhlichkeit kam sie einem entgegen.»She was a charmer«, würde man in England sagen. Pausenlos konnte sie erzählen und Erwachsene wie Kinder für sich gewinnen. Ihre um drei Jahre ältere Schwester Wienke hatte den Tod des Vaters bitterer erlebt als Ulrike und konnte sich bei weitem nicht so selbstverständlich mit der veränderten Familiensituation abfinden. Alles hatte sich für Wienke geändert, der Vater war ihr entrissen worden und die Mutter begann zu studieren. Der Tod des erst 38jährigen Vaters, Dr. Werner Meinhof, muß sie sehr getroffen haben, während Ulrike sich, eingebettet in einen Kreis fröhlicher Spielgefährten, stets nur auf den nächsten Tag freute.

Vom ersten Augenblick an hat das Kind mir eine innige Freundschaft entgegengebracht. Sie erklärte:»Mutter, du brauchst nicht wieder zu heiraten, das kaputte Spielzeug kann auch die Renate heile machen.« Und nach dieser Devise beredete sie ihre Mutter, mir ein freistehendes Zimmer in der Wohnung billig zu vermieten.

Fast täglich holte sie mich zu Wanderungen ab und berichtete strahlend von ihren Streichen, ließ sich Märchen erzählen und wollte gute Ratschläge für den Umgang mit ihrer Clique haben, in der die Buben überwogen. Sie kam aber auch mit»schweren« Problemen zu mir:»Ich glaub, ich muß später den Bubi heiraten, er schützt sich immer so an mir.« Mit derartig viel Lebensweisheit ausgestattet beherrschte sie die ganze Beethovenstraße von Jena. Weder beim»Bubi« noch bei ihrer Schwester Wienke zeigte sie mangelndes Selbstgefühl. Als Wienke sich einmal über Ulrikes Erfolge bei den anderen Kindern beklagte, bekam sie von ihr zu hören:»In den Märchen ist es doch auch immer so, daß der jüngere Bruder Glück hat und der ältere nicht.«

Doch die kleine Ulrike besaß ein großes Herz für benachteiligte oder kranke Menschen. So machte sie sich im ersten Schuljahr plötzlich einmal»sehr fein«, zog ihr bestes Kleidchen an, hatte Gänseblümchen gepflückt und erklärte, sie müsse»Opa Zucker« in der Beethovenstraße besuchen. Sie habe gehört, daß er – Vater eines Universitätsprofessors – krank geworden sei. Sie nahm ein Bilderbuch mit und setzte sich stundenlang an sein Krankenbett.

Ich habe – schon aus beruflichen Gründen – viele liebenswerte Kinder kennengelernt, aber kein Kind war so anziehend, einfühlsam, draufgängerisch keck, aber auch andächtig still wie Ulrike. Voller Mitleid mit benachteiligten Menschen konnte sie einen mit ihrer ständigen Hilfsbereitschaft beinahe nervös machen. Aber sie hatte ja immer recht, die kleine Ulrike. Meine Beziehung zur Meinhof-Familie hat *sie* gestiftet, und was man auch immer von Ulrike sagen mag, meine herzliche Liebe zu ihr lasse ich durch niemanden und nichts antasten. Sie ist als Sechsjährige auf mich zugelaufen, als hätte sie auf mich gewartet. Ihre spontane Kinderfreundschaft zu mir hat sie mir über zwanzig Jahre lang bewahrt. Der »Bubi«-Komplex, also die Schwäche für die Hilfsbedürftigkeit des anderen Geschlechts, hat sie nie mehr verlassen. Fast alle ihre Liebesaffären erzählte sie mir. Denn bald nach dem frühen Tod ihrer Mutter machte sie mich wie selbstverständlich zu ihrer Bezugsperson und ließ mich an allen guten und bösen Lebensgeschicken teilnehmen. Als sie Klaus Röhl heiraten wollte, kam sie vorher zu mir, und als sie 1962 ihre Zwillinge Regine und Bettina durch einen Kaiserschnitt zur Welt brachte und sich anschließend einer Gehirnoperation unterziehen mußte, gab sie die zu früh geborenen Kinder in meine Obhut. Sie ist dann 1967/68 in den Strudel der Studentenrevolte geraten und glaubte noch an den Erfolg, als die studentischen Aktivitäten schon erkennbar abgeklungen waren. Viele Male hat sie vor und nach der Revolte ihre Kinder zu uns ins Haus gebracht, auch während ihres Scheidungsprozesses, um sie »aus der Schußlinie« herauszuhalten. Jedesmal wenn sie in den darauffolgenden Jahren erschien, wirkte sie nervöser und angestrengter. Seit der Kaiserschnitt-Geburt der Zwillinge und der Gehirnoperation schwankte sie zwischen Mutterpflichten und politischen Zielsetzungen hin und her. Immer stärker driftete sie von ihrem einmal eingeschlagenen Lebensweg ab. Von der steckengebliebenen Studentenrevolte enttäuscht, wandte sie sich mit der Kraft ihrer flinken Feder

74

der Problematik von sozial schwachen »Heimkindern« zu. Ihr fast angeborenes soziales Engagement blieb unverändert, und schließlich gab es auch immer wieder einen »Bubi«, der sich an ihr »schützen« wollte: den Kaufhausbrandstifter Baader.

Im Herbst 1969 hat sie mich zum letzten Mal aufgesucht. Ihr Gesundheitszustand war erschreckend. Von ihrem Mann hatte sie sich scheiden lassen und lebte mit den Zwillingen in Berlin. Ein halbes Jahr nach ihrem Besuch bei mir hing ihr Steckbrief aus, und die Jagd der Polizei auf die »Baader-Meinhof-Bande« begann. Dieses Geschehen ist in verschiedenen Büchern (nicht immer richtig) geschildert worden. Ich erspare es mir, darauf einzugehen. Festgehalten soll nur werden, daß es seitdem »Terroristen« in der Bundesrepublik gibt, als wäre dies eine Berufsbezeichnung. Die Polizeihatz auf Ulrike und die Baader-Gruppe endete tragisch. Ulrike nahm sich in der grausigen »Isolationshaft« von Stammheim das Leben. Die Umstände ihres Todes ließen Zweifel an ihrem Suizid entstehen. Ich erinnere mich aber an Bemerkungen von ihr, die mich an ihrem Selbstmord nie zweifeln ließen, und ich denke nicht daran, über ihren Tod zu spekulieren. Ihren vielen Anhängern und Gegnern sei jedoch gesagt: Ulrike war weder eine »Heilige Johanna« noch ein mörderisches Flintenweib. Sie war »ein Mensch mit seinem Widerspruch«.

Als sie polizeilich gesucht wurde, hat sie sofort jeden Kontakt mit mir gemieden. Ich hätte mich an ihrer Stelle nicht anders verhalten, wenn ich einem befreundeten Menschen nächtliche Hausdurchsuchungen und polizeiliche Verhöre hätte ersparen wollen. Sie konnte es zwar nicht verhindern, daß dies einige Male doch geschah. Aber warum sollte ich diese Erfahrungen nicht auch machen? Aus der NS-Zeit waren mir die Polizeimethoden ohnehin bekannt. Und hätte sie Zuflucht bei mir gesucht, ich hätte ihr selbstverständlich weitergeholfen und sie nicht ausgeliefert.

Adieu Ulrikchen. Und solltest du einmal Rückschau gehalten haben, so wirst du wissen, wie eng ich dir verbunden blieb –»trotz alledem und alledem«.

Meine Jenaer Studienjahre sind jedenfalls ohne das Kind Ulrike gar nicht denkbar. Diese Jahre waren identisch mit Krieg, Bombenangriffen, Fliegeralarm, Hunger und Sondermeldungen des »Großdeutschen Rundfunks« über Siege und verkappte Niederlagen. Jedesmal wenn die Sirenen heulten, ging ich mit Ingeborg Meinhof und ihren Kindern in den Luftschutzkeller, wissend, daß dieser lächerliche Keller keiner Bombe standhalten würde. Unter dem Arm trug ich immer eine abgetragene Aktentasche, die mir überaus kostbar war. Sie enthielt nämlich meine in Arbeit befindliche Doktorarbeit. Ich hatte im April 1940 zu studieren begonnen, und nach nur sieben Semestern bekam ich am 20. März 1943 die Doktorurkunde. Niemand möge aber denken, ein Genie sei am Werke gewesen. Ich hatte einfach Glück, unverschämtes Glück.

Das in der Buchhandlung Steen erworbene Heyer-Buch half mir dabei. Leichtfertig bildete ich mir ein, ich könnte konkrete Beispiele für den Umbruch vom Mittelalter zur Neuzeit finden, den Rudolf Steiner als Übergang von der vierten zur fünften Kulturepoche bezeichnet hatte. Schon im zweiten Semester stürzte ich mich auf die Fachliteratur für das 15. Jahrhundert. Dabei fiel mir das Buch eines alten thüringischen Historikers in die Hand, der auf angeblich verschollene Akten eines Ketzerprozesses in Sondershausen und Sangershausen Bezug nahm, wo Gruppen von »Geißlern« (Flagellanten) verbrannt worden sind. Ich hätte ja nicht von meiner Mutter auf eine katholische Klosterschule geschickt und von »meinem« Kaplan unterrichtet sein müssen (»1215 – Innozenz III. – 4. Laterankonzil«), wenn ich nicht sofort hellhörig geworden wäre. Außerdem wurde ich in Jena Schülerin des Kirchenhistorikers Karl Heussi, bei dem ich so einiges über Ketzerprozesse lernen konnte. Ich sagte mir also: Der Ketzerrichter, der das Verdammungsurteil über die Flagellanten der beiden am Kyffhäuser gelegenen Städte sprach, muß ja – wie alle Inquisitoren – ein Dominikaner gewesen sein, der nur aus dem Predigerkloster Erfurt stammen konnte. Ketzerakten wurden immer in den Klosterbibliotheken aufbewahrt. Sie konnten also gar nicht verschwunden sein, wie man geglaubt hatte. Damals kannte ich Simenons Kriminalromane noch nicht und also auch nicht die Methoden eines Kommissars Maigret. Aber ich bin kriminologisch vorgegangen wie Maigret: Das Kloster in Erfurt war 1803 durch Napoleon säkularisiert worden. Das wußte ich und mußte nur in Erfahrung bringen, was mit der Klosterbibliothek geschehen war. Mit unangefochtener Selbstverständlichkeit schrieb ich an den »hochverehrten« Herrn Provinzial des Dominikanerordens in Deutschland. Die Dominikaner freuten sich offenbar, daß im Jena der Nazizeit eine Dissertation angefertigt wurde, bei der die Erfurter Klosterbrüder eine wichtige Rolle spielten, und sie antworteten postwendend. Die Bibliothek sei an die Würzburger Franziskaner gekommen, ließen sie mich wissen. Also schrieb ich den Würzburger Minoriten einen netten Brief. Die schickten mir prompt ein dickes Konvolut als Wertpaket in die Jenaer Universitätsbibliothek, wo ich es »unter Verschluß« einsehen konnte. Ich hatte verschollen geglaubte mittelalterliche Quellen aufgefunden! Damit war die Verleihung des Doktorgrades so gut wie sicher.

Aber der Text der Akten! Sie waren in einem miserablen »Küchenlatein« geschrieben und kaum zu entziffern. Wie lange würde ich wohl daran zu sitzen haben? Nach drei Tagen vergeblicher Mühe war ich beinahe mutlos geworden. Da tat sich die Tür des Lesesaales leise auf und hereinspazierte Professor Dr. Hermann Flach, Direktor des Thüringischen Staatsarchivs in Weimar. Er kannte mich von seinen Übungen zur Handschriftenkunde, lief neugierig auf meine Akten zu, war erfreut über den Fund und half mir bei der Entzifferung. Bessere Voraussetzungen für ein glanzvoll bestandenes Examen konnte es doch gar nicht geben! »In Jene lebt sich's bene«, mußte ich mir im Hinblick auf die Dissertation sagen. Ich wurde nach dem glanzvoll bestandenen Doktorexamen Assistentin am Historischen Seminar. Alle in Frage kommenden Männer waren ja zur Wehrmacht eingezogen worden, meine Anstellung im Seminar stand somit außer Frage. Die Vertretungsprofessoren wechselten rasch, Lehrstühle blieben unbesetzt oder wurden durch vorübergehende Lehraufträge verwaltet. Als »ruhender Pol in der Erscheinungen Flucht« konnte ich als Assistentin bei allen Seminarangelegenheiten mitreden und wurde sogar bei Berufungen gefragt.

Unter all den flüchtigen Erscheinungen stand mir der jüngste Dozent, Dr. habil. Hermann Mau, besonders nahe. Er litt an einer Knochentuberkulose, zog immer ein Bein nach und war »kriegsuntauglich«. Wir befreundeten uns sehr innig, nachdem wir unsere gemeinsame Ablehnung der NS-Ideologie und des deutschen Größenwahns entdeckt hatten. »Der kleine Mau« ist der einzige Mann gewesen, den ich geheiratet hätte, wäre er nicht bei einem Autounfall tödlich verunglückt. Er stammte aus Leipzig, war im Thomanerchor erzogen worden, hatte als »der kleine Mau« Knabensopran gesungen, und immer noch fuhr er jeden Freitag zur Bach-Motette in seine Heimatstadt. Seine historisch-wissenschaftlichen Interessen galten dem Mittelalter und dem Gegenwartsgeschehen. Alles was dazwischen lag, die sogenannte »neuere Geschichte« (ab dem 16. Jahrhundert), erschien ihm nur wie eine Aneinanderreihung kluger Thesen bienenfleißiger Dokumentensammler. Daß wir uns über den Wert historischer

Erforschung der »neueren Geschichte« öfters gestritten hatten, war nur schön; denn wir mochten uns viel zu gerne, um nicht auch intensive Versöhnungsfeste feiern zu können.

Einige seiner Freunde hatten Kontakte zu christlich-konservativen Kreisen des Widerstandes gegen Hitler (Trott zu Solz, Schulenburg, Goerdeler u. a.). Stauffenbergs Attentatsversuch auf Hitler am 20. Juli 1944 und dessen Niederschlagung hielt uns ebenso in Atem wie die Schauprozesse des »Volksgerichtshofes« gegen die Verschwörer, bei denen dessen mephistophelischer Vorsitzender Freisler Todesurteile durch Strang und Beil verhängte. Das Ausmaß der Verschwörung und der Kreis der mittelbaren und unmittelbaren Mitwisser war viel größer als wir ahnen konnten. Man hörte nur aus zweiter Hand von der Sippenhaft auch für die Familien der Hingerichteten. Von den Schauprozessen gegen Helmuth James von Moltke und seinen »Kreisauer Kreis« lasen wir nur die entstellenden Berichte in den Zeitungen und versuchten, uns einen Vers darauf zu machen. Jeden Morgen gratulierten wir uns, daß es nachts nicht an der Tür geklingelt hatte. Wie man persönliches Leben und Terrorherrschaft nebeneinander ertragen konnte, ist mir heute ein Rätsel.

Rätselhaft erscheint es mir auch, wie ich am 20. März 1943 mein Doktorexamen in dem Wissen bestehen konnte, daß die 6. Armee des Generalfeldmarschalls Paulus bereits kapituliert hatte und in russische Gefangenschaft geraten war. Und als ich ein Jahr später das Staatsexamen machte, war die Rote Armee bereits auf breiter Front zum Gegenangriff angetreten, hatte am 3. Januar 1944 die russisch-polnische Grenze überschritten und drang unaufhaltsam vor. Alliierte Truppen waren in Italien gelandet (22. Januar), und Rom zur »offenen Stadt« erklärt worden. Gleichzeitig hatten die Alliierten ihren Luftkrieg gegen deutsche Großstädte verstärkt, und auch immer mehr kleinere Orte sanken in Schutt und Asche. Die Zeitungen quollen über von Todes- und Gefallenen-Annoncen, aber noch immer glaubten die Deutschen an den »Endsieg« Hitlers, den Mau und ich im Einklang mit anderen Regimegegnern spöttisch den »Gröfaz« (größten Feldherrn aller Zeiten) nannten. Wer laut von der bevorstehenden Niederlage geredet hätte, würde sein Leben riskiert haben. Ich war froh, daß ich mit Ulrikes Mutter, Ingeborg Meinhof, befreundet war, auf deren gutem Apparat ich die (verbotenen) BBC-Nachrichten und die Rundfunkkommentare des Schweizer Historikers von Salis hören konnte, die den deutschen Meldungen Hohn sprachen.

Außer Hermann Mau und Ingeborg Meinhof gab es noch einen anderen Menschen in Jena, mit dem man hinter verschlossenen Türen offen reden konnte: Ernst Merkel, den Direktor der Volkshochschule, mit dem mich Ingeborg Meinhof bekannt gemacht hatte. Merkel half mir in einem finanziellen Engpaß und ließ mich bezahlte Blockflötenkurse für Kinder und Erwachsene erteilen. Ihm konnte ich berichten, daß ich ein Stipendium der »Reichsförderung« ausgeschlagen hatte, das damals nur einer Handvoll »auserwählter« Studenten zufiel. (In Jena waren es nur zwei.) Obwohl ich nicht im NS-Studentenbund und erst recht nicht in der NSDAP war, war es mir angeboten worden, allerdings mit der Auflage, an die »Reichsuniversität« Straßburg zu gehen. Ich hätte mich geschämt vor den französischen Studenten, denen man in Elsaß-Lothringen größte Schwierigkeiten machte, und Merkel verstand mich.

Die Nazis hätten mich auch sonst gerne für sich eingespannt. Nach meiner Promotion wollte mich die Fakultät als Lektorin an die portugiesische Universität Coimbra schicken. Ich lehnte ab. Portugals Salazar war zwar kein Adolf Hitler, aber doch auch ein Diktator. Anfang 1944 wollte mich der Dekan der Fakultät, Professor Wesle, der

Universität Athen empfehlen. Er war sehr erschrocken, als ich ihn fragte, ob ich mich vielleicht in einen Panzer setzen sollte, wenn die deutschen Truppen demnächst Griechenland räumen müßten. »Um Gottes willen, seien Sie doch still!« flüsterte er. Er war ein guter Germanist, der Professor Wesle, und gar kein Super-Nazi wie andere aus der Philosophischen Fakultät, die Geschichtsvorlesungen in SS-Uniform hielten. Erst nach dem Krieg erzählte er mir von den Nöten, in die ihn seine Kollegen politisch hineingetrieben hatten.

Das Kriegsende kam für Jena früher als für manche andere Stadt. Schon Ende März 1945 hörte man den Geschützdonner der nahenden amerikanischen Armee, die von Eisenach her über Gotha und Weimar langsam nach Jena vorstieß. Die deutsche Heerestruppe befand sich in völliger Auflösung. Kein einziger deutscher Soldat war mehr in Jena. Es gab zwar noch Tieffliegerangriffe auf deutsche Zivilisten, wenn sie ihr Haus verlassen hatten. (Ich habe einen derartigen erlebt.) Aber die Stadtkirche St. Michael war längst schon von Bomben getroffen worden, als sich die ersten Amerikaner tatsächlich in der Stadt sehen ließen.

Ich war seit 1944 mit zwei Arbeitern der Carl Zeiß-Werke befreundet, die zu einer kommunistischen Widerstandsgruppe gehörten. So lief ich beim Grollen der Geschütze mit einem Bettlaken in der Aktentasche »zu Zeiß« hinunter, um einen der beiden Arbeiter zu bitten, die »weiße Fahne« auf dem Hochhaus der Zeiß-Werke zu hissen. Als ich ankam, stand schon Freund Wehner vor dem stillgelegten Betrieb, klopfte zufrieden auf seine Brust und meinte, er habe sich auch ein Bettlaken umgebunden, aber zwei aneinandergeknüpfte Laken seien wohl besser als nur eines. Wenige Minuten später flatterte die weiße Fahne über Jena. Das Bombardement hatte schon aufgehört, als die Sieger kampflos die Stadt einnahmen.

Ohne einen einzigen Mann verloren zu haben, drangen die »GI«s in kleinen Trupps oder einzeln in die Saalestadt ein. Sie sahen frisch und wohlgenährt aus, als befänden sie sich auf einer Urlaubsreise. Ich ging ihnen entgegen und zeigte ihnen, wo sie sich Wasser holen konnten. Sie wirkten fast verängstigt auf mich und benahmen sich nicht wie Sieger. Das war mir sehr sympathisch. Der Hitlerkrieg war zu Ende. Man konnte aufatmen, aber man mußte hungern.

Abschied von Jena

Fünf Jahre meines Lebens, von 1940 bis 1945, hatte ich in Jena verbracht, als der Krieg zu Ende war. Es war ein Jahrfünft schöner menschlicher Erfahrungen und bitterer Erlebnisse zugleich. Das persönliche Glück, das mir menschlich und sachlich zugefallen war, stand doch immer im Schatten des Krieges und des Wissens um die Grausamkeiten, die in deutschem Namen verübt wurden. Ich blickte 1945 auf die Kriegsjahre zurück. Was hatten sie für mich bedeutet?

Es muß Anfang 1942 gewesen sein, daß ich mich erbot, die mir noch unbekannte Dr. Grete Ulrich von der Bahn abzuholen und auf ihrem Weg durch Jena zu begleiten. Sie war unschwer zu erkennen, denn sie mußte den »gelben Stern« mit der Aufschrift »Jude« an ihrem Mantel tragen. Eine christliche Jüdin war gekommen, um ihr Patenkind Ulrike Meinhof noch einmal zu sehen. Massenweise wurden die Juden bereits »nach Osten« abtransportiert, ins Warschauer Getto und weiter in ein KZ.

Grete Ulrich war Literaturwissenschaftlerin und hatte über Jean Paul promoviert. Jetzt war sie aber von den Nazis zur Packerin degradiert und in ein Berliner Warenhaus gesteckt worden. Ich stellte mich ihr vor, und sofort meinte sie, ich solle mich doch nicht gefährden und besser auf der anderen Straßenseite laufen. Das tat ich natürlich nicht. »Ich gehöre doch nicht zu den Leuten, die da sagen: ›Grüß mich nicht auf dem Kurfürstendamm!‹« erwiderte ich, und sie verstand diese Floskel, mit der man die Feigheit ehemaliger Judenfreunde charakterisierte. Auf dem Weg trafen wir eine Gruppe von Studenten aus dem Historischen Seminar, die ihre Köpfe abwandten, als sie mich in Begleitung der Jüdin sahen. Am nächsten Tag meinte einer von ihnen, er bewundere meinen »Mut«, mit einer Trägerin des »Davidsterns« durch die Straßen zu laufen. Er wolle mich deshalb auch nicht bei der Universität »anzeigen«. Mir wurde ganz schlecht, als ich das hörte. So weit waren wir also schon gekommen, daß man bewundert wurde, wenn man sich mit Juden zeigte, und dankbar sein mußte, nicht denunziert zu werden.

Grete Ulrich habe ich nicht wiedergesehen. Sie ist nach Theresienstadt gekommen und später vergast worden.

An sie mußte ich denken, als ich kurz vor Kriegsende in Jena überraschend auf einen endlos langen Zug von KZ-Häftlingen stieß. Zu Tausenden wurden sie wie müde Tiere, von Buchenwald bei Weimar kommend, nach Irgendwohin getrieben. Mühsam schleppten sie sich, von sturen Wachleuten begleitet, über die für das Frühjahr ungewöhnlich heiße Straße. Alle waren sie bleich, verschmutzt und fast verhungert. Man konnte sie kaum voneinander unterscheiden, und das sollte man ja auch nicht. Diebe, Totschläger und Gewaltverbrecher waren genauso unter ihnen wie politische Gefangene, die vielleicht nur einen Witz erzählt hatten. Auch verschleppte Polen, Russen oder andere »Untermenschen« waren unter ihnen, und eben auch Juden, nur weil sie Juden waren.

Hilflos stand ich mit Ingeborg Meinhof am Straßenrand. Sie lief rasch in das Haus eines Bekannten und kam mit einem Eimer Wasser und zwei Blechbechern zurück. So konnten wir den vorbeistolpernden Buchenwaldhäftlingen wenigstens einen Schluck Wasser geben, freilich nicht, ohne den Zorn einiger »Volksgenossen« zu erregen, die uns daran hindern wollten. Immer wieder sagten wir zu den Vorüberstolpernden: »Es geht bald vorbei, es geht bald vorbei...«, und es ging auch bald zu Ende. Bombenangriffe gab es nicht mehr, es ging aber alles drunter und drüber. Das NS-System war zusammengebrochen.

Etwa zehn Tage später kam in der Stadt ein Mann auf mich zu, der sich in seiner blaugestreiften KZ-Kleidung mit dem kleinen roten Dreieck auf der Jacke nun furchtlos präsentieren konnte. Mit den Worten: »Sie haben mir Wasser gegeben, und ich gebe Ihnen jetzt Brot«, zog er ein schweres Kommißbrot aus seinem Sack. Es war ein Pole aus der Gegend von Danzig. Da mußte ich an meine Mutter denken, die in der Hungersnot nach dem Ersten Weltkrieg täglich in der Morgenfrühe mit belegten Broten zu den auf Bänken schlafenden Obdachlosen gegangen war.

Wo mochte sie jetzt sein, die Mutter? Bis zuletzt war sie in Pommern geblieben, mußte also im Januar 1945 vor der heranrückenden Roten Armee geflohen oder umgekommen sein. Ich hatte sie ganz aus den Augen verloren, aber nicht erst 1945, sondern schon vier Jahre zuvor. Als ich mein Doktorexamen gemacht hatte, habe ich ihr das 1943 auf einer Postkarte nur ganz kurz mitgeteilt. Denn seit meinem dritten Studiensemester – ich saß bereits an meiner Doktorarbeit – war es zwischen uns zu einem schweren Bruch gekommen.

Ich studierte damals, im Sommersemester 1941, in München, um den Historiker Seidlmayer, den Germanisten Cysarz und den Geomorphologen Machatschek zu hören. Weil ich gerade ein unerwartetes Stipendium erhalten hatte, glaubte ich, mir das leisten zu können. Ich stand in meinem 21. Lebensjahr und sollte nach den damaligen Gesetzen bald »mündig« werden, also über mein Leben selber bestimmen können. Die Mutter war mit dem Universitätswechsel einverstanden. In einem baufälligen Mietshaus am Rindermarkt in München fand ich im vierten Stock eine »Bude«, deren Fenster genau gegenüber dem Alten Peter lagen. Seine Glocken weckten mich jeden Morgen und ließen mich zum nahen Viktualienmarkt laufen, um bei einer Bäuerin schnell noch aussortiertes Obst billig zu ergattern. Es war schön in München, auch wenn ich nachts in meiner »Bude« immer wieder mit Mäusen zu kämpfen hatte. Aber der Starnberger See war nicht allzu weit entfernt, und wenn Föhn herrschte, konnte man die Alpen sehen.

Bei Seidlmayer konnte ich meine längst schon gewonnene Begeisterung für Hermann Grimms »Michelangelo« anbringen. Von Cysarz, dem Prager Philologen, wurde ich in die Geistesgeschichte des Barock und Rokoko eingeführt, und Machatschek half mir »Landschaftstypen« zu erkennen. Oberbayern mit seinen vielen Barockkirchen forderte meine Wanderfreude heraus. Man brauchte ja nur die »Elektrische« bis zur Endstation Starnberg zu nehmen, und schon war man näher an die Alpen herangekommen, die freilich noch immer weit genug entfernt waren.

Doch die Fröhlichkeit meiner Münchener Studententage sollte eine jähe Unterbrechung erfahren. Kaum hatte ich mich eingewöhnt, da wurde ich auch schon von einem Telegramm meiner Mutter erreicht: »Bin erkrankt – sofort kommen«. Erschrocken packte ich meinen Koffer und setzte mich auf die Bahn. Es war eine sehr lange Reise von München nach Hinterpommern. Man mußte über Hof nach Berlin und weiter nach Stettin fahren, um dort in den Bummelzug nach Plathe umzusteigen. Anderthalb Tage war man unterwegs, und arm, wie ich war, mußte ich mir das Geld für die Fahrkarte borgen. Als ich endlich bei der Mutter eintraf, hätte ich beinahe einen Schlag gekriegt. Sie war gar nicht krank. Vergnügt plaudernd stand sie mit einer Nachbarin in der Haustür. Sie war völlig gesund und munter. Warum hatte sie mich die lange, teure Reise machen lassen? »Na, da bist Du ja«, begrüßte sie mich halb lächelnd, halb ärgerlich. Da kam es dann zu einer Auseinandersetzung, die mich an die schrecklichen Eheszenen aus meinen Breslauer Kindertagen erinnern sollte. Zweimal – 1927 und 1932 – hatte sie jähe Brüche mit ihrem Mann vollzogen. Jetzt sollte es abermals zu einem Bruch kommen, und diesmal mit mir. Mein verdutztes Gesicht betrachtend, erklärte sie mir unverhohlen, ich hätte Geld zu verdienen und mich gefälligst um sie zu kümmern. München sei viel zu weit entfernt, ich sei nicht »mündig«, habe ihr deshalb zu gehorchen, und wenn ich durchaus studieren wolle, dann könne es ja auch in Greifswald geschehen, wo ich schneller zu erreichen wäre. Darauf aufmerksam gemacht, daß ein Universitätswechsel mitten im Semester nicht möglich sei, holte sie zornig ein politisches As aus dem psychischen Kartenspiel: Wenn ich auf meinem Willen beharre, könnte sie ein Machtmittel einsetzen, um ihn zu brechen. Sie bräuchte ja nur Johannes Guthardt der Gestapo auszuliefern; und wenn ich das nicht wolle, würde ich mich doch wohl ihrem Wunsche unterwerfen.

Guthardt war der Großvater Ulrike Meinhofs und ihrer Schwester Wienke. Sie hatte ihn erst vor wenigen Wochen kennengelernt, als sie mich kurz in Jena besuchte. Gemeinsam mit ihm hatte sie auf Hitler geschimpft und von ihm erfahren, daß er als ehemaliger Schulrat und SPD-Mann von den Nazis aus dem Amt gejagt worden war und ständig bespitzelt wurde. Meine antifaschistische Mutter – und jetzt diese Drohung! Ich sagte nur: »Wenn du das tust, dann sehen wir uns wohl alle im KZ wieder«, ergriff meinen noch unausgepackten Koffer, drehte mich um und ging direkt zum Bahnhof. Mit dem nächsten Zug fuhr ich nach München zurück. Jahrelang sollten wir uns nicht wiedersehen.

Ach, diese Mutter! Sie hat ihre böse Drohung nicht wahrgemacht. Aber sie ließ mich zittern in diesem Sommersemester 1941, und auch noch danach. Sie konnte so gut sein, aber auch abgrundtief hart. An sie hatte ich denken müssen, als der Pole, der aus ihrer Heimatstadt Danzig war, mir 1945 in Jena ein Brot schenkte. Plötzlich stand das alles wie ein Monumentalgemälde vor meiner

Seele. Wo mochte die Mutter jetzt wohl sein? Lebte sie überhaupt noch? Sie lebte während des Krieges in Pommern und muß dort den Zusammenbruch der deutschen Wehrmacht und das Herannahen der Sowjetarmee erlebt haben. Die Postzustellung funktionierte schon lange nicht mehr. Über Tod und Leben von Freunden oder Verwandten erfuhr man nur vom Hörensagen. Von meiner Mutter habe ich jahrelang nichts gewußt. Dann kam ich einmal in das noch kriegszerstörte Köln, ging durch die Ruinen der Hohestraße und hörte plötzlich meinen Namen. Eine alte Volksschullehrerin aus Plathe, die mich nur vom Sehen kannte, war mir über den Weg gelaufen. Sie hielt mich fest und begann, mir eine Art von Heiligenlegende über meine Mutter zu erzählen. Ich erfuhr von der Platherin, wie sie die Flucht vor den Russen erlebt hatte und welche Bedeutung meine Mutter für die Fliehenden gehabt hat. Im eisigen Januar 1945 sei von der »Partei« (NSDAP) plötzlich befohlen worden, alles zurückzulassen und sich in einem Treck eiligst aus dem Staube zu machen. Mit Pferd und Wagen, die meisten aber zu Fuß, seien sie vor der Roten Armee geflohen. Meine Mutter habe einen kleinen Handkarren hinter sich hergezogen, hätte aber nichts von ihren eigenen Sachen mitgenommen, sondern nur Säcke mit Lebensmitteln und Milchpulver aus ihrem kleinen Laden hineingepackt, um die Flüchtenden versorgen zu können. Sogar einen riesigen Topf hatte sie auf ihren Karren gebunden, um Essen kochen zu können. Mit ihrer Furchtlosigkeit habe sie dem ganzen Treck Mut gemacht, als der Geschützdonner immer näher und näher kam. Sie hätte auch energisch dafür gesorgt, daß Kranke von vorüberfahrenden Militärautos auf ihrem Rückzug mitgenommen wurden. Sie machte Feuer und kochte Essen aus den Vorräten, die sie mitgenommen hatte. Der ganze Treck habe sie verehrt. Ich glaubte der alten Lehrerin ihre

Erzählung. Denn diese Seiten im Wesen der Mutter kannte ja auch ich.

Mit einiger Mühe fanden sich die Überlebenden des Krieges wieder. Die Mutter war nach Schleswig-Holstein verschlagen worden. Dort fand ich sie 1950 in einem ärmlichen Flensburger Flüchtlingszimmer wieder. Ich verschaffte ihr eine bessere Wohnung und holte sie später in die Nähe von Wuppertal, nachdem ich 1955 dort tätig geworden war. Ausgesöhnt und im Frieden mit mir ist sie 1957 an Herzversagen gestorben.

Das Kriegsende hat sie also ganz anders erlebt als ich, die ich zwar seit 1942 fast jede Nacht Fliegeralarm über mich ergehen lassen mußte, aber unbeschädigt davongekommen war. Als »die Waffen schwiegen«, hieß das für mich Befreiung, Erlösung, Hoffnung: Befreiung von der Nazi-Herrschaft, Erlösung von der Angst vor der Gestapo, Hoffnung auf eine Welt ohne Bomben, ohne Terror. Ein ganz neuer Lebensabschnitt sollte beginnen können.

Ich war jung, ich wurde von den Besatzungsbehörden als »unbelastet« von der NS-Vergangenheit eingestuft, man holte mich in die provisorische Verwaltung und übergab mir die beschlagnahmten persönlichen Unterlagen der Professoren aus der Philosophischen Fakultät der Universität Jena »zur Bearbeitung«. Ich sollte ihre NS-Verbindungen feststellen. Die Papiere hatten die »Amis« bei der Gestapo beschlagnahmt. Meine antifaschistische Haltung mußte ihnen also bekannt sein. Aber was nun? Ich kannte fast alle die Professoren, deren Zusammenhang mit der NS-Ideologie nun schwarz auf weiß vor mir lag. Fassungslos mußte ich feststellen, wie viele von ihnen ihre Kollegen bei der Gestapo denunziert hatten und wie oft die Denunzierten ihrerseits zu Anzeigen bereit gewesen waren. Ich wußte nicht, was ich machen sollte. Wollte man mich etwa dazu benutzen, der Besatzungsbehörde diese Vorgänge zu melden? Die Amerikaner, die ich als »Befreier« empfunden hatte, schienen mir nun nicht anders als die Nationalsozialisten zu sein, wenn sie jetzt von mir verlangten, daß ich etwas tun sollte, was ich in der NS-Zeit tief verachtet hatte, nämlich andere Menschen zu denunzieren. Mir war ganz elend zumute, und ich war entschlossen, meine Bearbeitung so lange hinauszuzögern, bis man mich als unfähig hinauswerfen würde.

Doch das Glück, das mir in den vergangenen Jahren zuteil geworden war, blieb mir auch jetzt hold. Noch bevor ich wegen meiner zögerlichen Bearbeitung zu dem US-Commander zitiert werden konnte, half mir das Schicksal. Ein Verstorbener griff in mein Leben ein.

Eines Tages ging ich durch eine mir wohlbekannte Straße und stieß vor einer Villa auf einen seriösen älteren Herrn, der kurzsichtig tastend nach Hausnummern und Namensschildern suchte. Ich bot ihm meine Hilfe an und bekam zu hören, daß er seinen Freund, Professor Jacobs, finden wollte. Den Genannten kannte ich sehr gut, denn er war ein Universitäts-Historiker, dessen Assistentin ich kurze Zeit gewesen war. Erst vor wenigen Wochen hatte er bei einem Tieffliegerangriff auf einen Zug sein Leben verloren. Das mußte ich nun dem kurzsichtigen Herrn sagen. Er erschrak und ließ mich wissen, er habe Jacobs aus Jena »herausholen« wollen; denn Thüringen würde in kürze von den Amerikanern geräumt und von der Roten Armee besetzt werden. Der seriöse Herr stellte sich als Dr. Grimm vor, und wir kamen ins Gespräch. Die Amerikaner hatten ihn, der aus dem Brandenburgischen stammte, aus dem Zuchthaus in Bayreuth befreit, in das ihn die Nazis nach dem 20. Juli 1944 (dem Tag des Attentats auf Hitler) geworfen hatten. Er sei von den Amerikanern zum Landrat des Kreises Bayreuth gemacht worden, und er verfüge über eine leerstehende Wohnung in Berneck im Fichtelgebirge, in die er Jacobs hatte bringen wollen. Dr. Grimm machte kurzen Prozeß: »Wenn nicht Jacobs, dann eben

Sie!« bestimmte er selbstsicher. Ich sträubte mich gegen seine Plötzlichkeit und seine offenkundige Russenfurcht, die mir trotz aller Greuelgeschichten über Vergewaltigungen und Morde, die nach Kriegsende umgingen, gar nicht gefiel. Auf eine Diskussion mit ihm wollte ich mich nicht einlassen und erklärte abwehrend, ich könne Jena nicht verlassen, weil ich mit zwei Halbwaisen und ihrer Mutter befreundet sei und sie nicht im Stich lassen würde.

»Dann wird morgen für Sie alle ein Lastwagen vor Ihrer Haustür stehen«, entgegnete er, stieg in seinen dicken schwarzen Mercedes und verschwand. Da war es also geschehen! Ich wollte Jena, die Stadt Schillers und Goethes, nicht verlassen. Gerade jetzt wollte ich dort bleiben. Aber Ingeborg Meinhof war um die Sicherheit ihrer Kinder besorgt, lebte selber in panischer Russenfurcht und bat mich inständig um Annahme des landrätlichen Angebots. Ein Lastkraftwagen aus Berneck bei Bayreuth stand am nächsten Morgen vor der Tür. Ich war überrumpelt worden. Unglücklich verließ ich das liebe »Jene«, in dem es sich selbst in finsterer Zeit so »bene« gelebt hatte.

Oberfränkisches Intermezzo

Berneck, die anheimelnde kleine Stadt im Fichtelgebirge, war mir bislang nur aus der »Bildermappe« Ludwig Richters bekannt. Meine Sympathie für Richters romantisch-volkstümliche Darstellungsweise hielt (und hält) sich in Grenzen, konnte mich aber nach meinem Aufenthalt in Berneck doch dazu bewegen, eine kleine Arbeit über den Illustrator Grimmscher Märchen zu veröffentlichen (Hamburg 1947). Schließlich ist Richter ja nicht nur in alle deutschen Wohnstuben eingedrungen, sondern war auch ein wackerer Streiter in den Kämpfen der Revolution von 1848.

Trotz des netten Richter-Bildes von Berneck würde ich mir das kleine Nest im Ölschnitztal freiwillig nie zum Wohnsitz erkoren haben. Es liegt zu nahe an der Bierbrauer-Stadt Kulmbach, und wohnen wollte ich stets nur in einer Gegend, wo Wein angebaut wird. Nicht weil ich etwa Liebhaberin des Rebensaftes wäre, aber in Weinlandschaften wachsen andere Menschen heran als in Hopfen- und Malz-Gegenden. In Berneck konnte ich erleben, wie schreiende Säuglinge mit Bier besänftigt wurden, obwohl es doch so viel frische Milch in den Ställen der nahen Dörfer gab. Doch war ich weit entfernt davon, die schwer arbeitenden Mütter belehren oder gar verurteilen zu wollen. Ich wußte nur, daß ich mich umzustellen hatte.

Unfreiwillig war ich also nach Berneck gelangt. Unfreiwilliges kann aber Fügung sein und will angenommen werden.

Es war kein leichtes Unterfangen für mich, die geistig rege Universitätsstadt Jena gegen die Enge des oberfränkischen Berneck einzutauschen. Wie »Hans im Glück«

kam ich mir vor, wenn ich von meinem Arbeitszimmer auf die steile Bergwand blickte statt auf Schillers »Berg mit dem rötlich strahlenden Gipfel« in Jena. Ich mußte von Muschelkalk und Keuper auf Urgestein wechseln. Hätte ich nicht Geomorphologie studiert, wäre ich wohl noch unglücklicher gewesen, als ich ohnehin war. Aber ich wußte ja, daß es auch schön sein kann, auf Granit und Basalt zu leben. Goethes einzigartige Abhandlung über den »Granit« konnte mir das Einleben erleichtern.

Dennoch griff ich anfangs immer wieder zur Geige, um ihr mein Heimweh nach Jena anzuvertrauen. Beinahe wie einer der drei Zigeuner aus Lenaus wehmütigem Gedicht habe ich stundenlang gegeigt. Es war aber auch ein wunderbares Instrument, das ich mir noch vor Kriegsende gekauft hatte. Im Jenenser Musikgeschäft Hacker konnte ich es nach dem ersten schweren Bombenangriff auf die Stadt erwerben, weil die Besitzerin es mir, erschüttert über die Brandbomben, fast geschenkt hat. Seinen schönen vollen Klang hätte ich nie bezahlen können. Auch der Violinunterricht, den ich – endlich – nahm, war »erste Klasse«. Die Tochter des Geigenpädagogen Klengel erteilte ihn mir. Aber nun war das alles Vergangenheit geworden.

Und doch war ich froh, daß ich die Geige besaß. Aber nicht nur sie, auch ein sehr kleines »Schifferklavier« ertönte im Bernecker Haus, wenn ich die Meinhof-Kinder fröhlich machen wollte. Mein Vater hatte es mir einst geschickt, um mir den erzwungenen Verzicht auf mein Breslauer Klavier zu erleichtern. Die Geige und das kleine Akkordeon sollten in Berneck schon bald zu unverzichtbaren pädagogischen Hilfsmitteln für den Unterricht werden, den ich erteilen sollte, aber auch wollte.

Alle Schulen und Universitäten waren bei Kriegsende geschlossen worden. Erst im Herbst 1945 durfte in der amerikanischen Besatzungszone wieder unterrichtet werden, aber nur bis zum 8. Schuljahr, und das bloß durch politisch »unbelastete« Lehrkräfte. Weil wir, Ingeborg Meinhof und ich, eine »saubere Weste« und also mit der Nazivergangenheit nichts zu tun hatten, konnten wir uns für den Schuldienst bewerben und wurden sogleich angestellt. Wie gut, daß das Staatsexamen gemacht worden war. Das Zeugnis berechtigte zwar nur für das »Lehramt an höheren Schulen«, von Volksschularbeit hatten wir keine Ahnung und waren darauf auch nicht vorbereitet worden. Den Amerikanern war das gleichgültig, sie suchten nur nach »unbelasteten« Lehrern, von denen es nur sehr wenige gab. Wir gehörten zu ihnen. Meistens waren es längst pensionierte ältere »Unterrichtsbeamte«, die nun wieder eingesetzt wurden. Ich hatte Unterricht vom 6. bis 8. Schuljahr zu geben. Meine erste Stunde in der Bernekker Schule war ein exorbitantes Stück Zeitgeschichte.

Als ich den kahlen Flur des einer Kaserne gleichenden Schulgebäudes betrat, glaubte ich, mich im Stockwerk geirrt zu haben. Ich hatte Unruhe und den üblichen Lärm unbeaufsichtigter Schüler erwartet. Aber Totenstille empfing mich. An einer halb geöffneten Tür stand ein Kind in soldatischer »Habacht«-Haltung. Als es mich herankommen sah, brüllte es: »Achtung!«, und ruckartig sprangen an die fünfzig Kinder auf. Sie sahen mich verständnislos an, als ich sie freundlich begrüßte und bat, sich zu setzen. Mit gefalteten Händen, stumm und erstarrt hockten sie sich in ihre Zweierbänke.

Ein Produkt lupenreinster NS-Erziehung saß vor mir. Meine Bemühungen, die Klasse aufzulockern und die Kinder zum Sprechen zu bringen, waren völlig vergeblich. Allzu deutlich hatte ihr inzwischen abgesetzter Lehrer seine Spuren hinterlassen. Die Kinder hatten Angst vor mir, weil sie Angst vor ihm gehabt hatten. Ich wußte nicht, was ich machen sollte. Da fiel mir das Schifferklavier ein. Ich ließ die ohnehin erstarrte Klasse allein, rannte schnell in meine nahegelegene Wohnung, holte die kleine »Quetsche« und begann einfach, mit den Kindern zu singen. Aber wiederum »Fehlanzeige«. Sie kannten, als ich sie danach fragte, nur Nazilieder, die sie bei ihrem Lehrer oder in der HJ (Hitlerjugend) gelernt hatten: »Es zittern die morschen Knochen der Welt vor dem großen Krieg...« oder »In den Ostwind hebt die Fahnen, denn im Ostwind stehen sie gut...« und andere Nazilieder. Auch der Versuch, mir Lieder in ihrem Dialekt vorsingen zu lassen, scheiterte. Sie schmetterten mir »Warüm gibts kana Weißwerscht net« entgegen, und spätestens jetzt wußte ich, daß ich in Bayern gelandet war. Es gab also noch viel zu tun, wollte man die Klasse über ihre Weißwurst-Perspektive hinausführen.

Doch das »Schifferklavier«, vor allem aber meine Geige schafften es, daß schon nach kurzer Zeit mehrere Dutzend deutscher Volkslieder – aus dem »Zupfgeigenhansel« – gesungen werden konnten. Und sie sangen so gerne, die Bernecker Kinder, daß es bald keine einzige Unterrichtsstunde geben durfte, in der nicht mindestens zwei Lieder gesungen werden mußten. Die Texte – Liederbücher durften nicht benutzt werden – schrieben sie sich von der Tafel ab, legten sich freiwillig Hefte an und versahen das Ganze unaufgefordert mit unbeholfenen, aber lieben Buntstiftzeichnungen.

Die Musik war mein bester Helfer im Deutschunterricht. Es war verboten, Lesebücher zu benutzen. Und so mußte man aus der Not eine Tugend machen. Durch das Singen und Aufschreiben der Lieder wurde nebenbei auch Hochdeutsch gelernt, beinahe eine Fremdsprache für Kinder, die nur ihren Dialekt sprachen. Bei ihrer großen Singfreudigkeit wurde die notwendige Spracherziehung zum Kinderspiel. Gerne und freiwillig lernten die Kinder auch viele Gedichte auswendig und sagten sie liebend gerne auf. Für mich war als Kind das Gedichtaufsagen immer eine Qual gewesen. Jetzt lernte ich von den kleinen Berneckern, wie schön es sein kann.

Sie führten das Abhalten von ganzen Gedichtstunden ein, eine Idee, auf die ich nie gekommen wäre. Vielleicht ist solches Verhalten von Kindern nur damals und auch nur unter Ausnahmebedingungen einer Zeit möglich gewesen, in der Untergang und Neubeginn zusammenfielen. Die Klasse führte zu Weihnachten sogar ein Krippenspiel auf, das ebenfalls große Wirkung auf das Erlernen der Hochsprache ausübte. Mangels jeglicher Vorlage mußte ich den Text selber zusammenreimen, was wiederum nur möglich war, weil die Verse für diese Kinder gemacht wurden und die einzelnen Rollen auf die Spieler zugeschnitten werden konnten. Mit Feuereifer haben die Zwölf- bis Vierzehnjährigen bei den wochenlangen Proben für das Spiel ihren Dialekt überwunden und mit Feuereifer Hochdeutsch gelernt, das ihnen doch so schwerfiel. Es war wunderbar zu erleben, welche bildende Kraft in der deutschen Sprache lebt.

Daß Kinder aber auch ein Recht auf ihren Dialekt haben, wurde mir von den Berneckern in einer herrlichen Episode vorgeführt. Der Hansl aus dem 6. Schuljahr erteilte mir eine unvergeßliche Lektion. Er sollte wiederholen, was am vorangegangenen Tag gelernt worden war, und im breitesten Oberfränkisch fing er an zu erzählen. »Sag es doch hochdeutsch, Hansl«, flüsterte ich ihm zu. Da richtete er sich stramm auf und belehrte mich: »Entweder: i sprech hochdeutsch oder i erzähl!« »Dann erzähl«, mußte ich ihm sagen. Nie wieder habe ich die Erzählfreude von Kindern durch die Nötigung zur Hochsprache abgebremst – eine pädagogische Einsicht, die Rudolf Steiner den Waldorfschulen vermittelt hat, was ich in Berneck aber noch nicht wußte. An die Lehre, die ich vom Hansl empfing, habe ich mich fortan gehalten. So wie es mir auch eine Lehre war, daß ein Mädchen mit einer »Watschen« (Ohrfeige) bestraft werden wollte, als ich es bei einer Lüge ertappte. Das aus verkommenen Verhältnissen stammende Kind begründete seinen Wunsch nach der »Watschen« mit der Erklärung, nur so würde es wissen, daß ich es gerne hätte. So lernte ich auch die Erziehungsgrundsätze und sozialen Verhältnisse in den Elternhäusern kennen.

Nicht nur der Hansl und das »Watschen«-Kind führten mich in die »praktische Schulpädagogik« ein, andere Kinder taten es ebenfalls, zum Beispiel jene zurückgebliebenen Mädchen des 8. Schuljahrs, die kaum lesen und schreiben konnten. Sie empfanden es überhaupt nicht als Strafe, daß ich sie eine Stunde »nachsitzen« ließ, um mit ihnen das von orthographischen Fehlern strotzende Diktat noch einmal durchzugehen. Sie fanden es nur schön, Sonderunterricht zu bekommen, und fragten, ob sie nicht öfters »nachsitzen« dürften. So haben mir die Bernecker Kinder Didaktik und Methodik des Volksschulunterrichts beigebracht. Pestalozzi würde seine helle Freude an ihnen gehabt haben.

Er würde es wohl auch verstanden haben, warum ich im Winter von ihnen einen hart vereisten Schneeball in den Rücken geworfen bekam. Nun wußte ich doch, daß die verschüchterten Kinder meiner ersten Unterrichtsstunde den Mehltau der autoritären Zwangserziehung abgeschüttelt hatten. Sie waren freier und frecher geworden, der Ludwig und der Georg, die Liesbeth und die Marga und wie sie alle hießen. Diese Kinder machten mir bewußt, daß das Einschlagen einer Universitätskarriere, wie sie mir noch in Jena vorschwebte, vielleicht gar nicht sinnvoll für mich gewesen wäre.

Ich hatte noch in Jena begonnen, eine Habilitationsschrift zu verfassen, sollte und wollte über den Weltumsegler Georg Forster und seine Erfahrungen in der Französischen Revolution von 1789 schreiben, mich einem Habilitationsverfahren unterziehen und in den Kreis der illustren Professoren eintreten. Die Bernecker Volksschulkinder ließen mich darüber nachdenken, ob es in den verworrenen Nachkriegsverhältnissen nicht richtiger wäre, auf universitären Ehrgeiz zu verzichten, den Neuanfang in Deutschland lieber an der Basis zu beginnen und mich mit den unteren Schichten des deutschen Volkes zu verbinden. Wenn in Deutschland alles neu und alles anders werden sollte, hatte man sich doch mit Zukunftsaufgaben, d. h. mit der heranwachsenden Jugend zu befassen. Was wollte ich an der Universität? Was war denn schon eine akademische Karriere? Ich wollte daran mitwirken, das nationalsozialistische Gift aus meinem Volk herauszutreiben. Das konnte nur geschehen, wenn man Lehrer für Lehrer wurde. Ich nahm also Kurs auf die Lehrerbildung. Aber wo und wie im zerstörten Deutschland? Auf alle Fälle mußte die Idee einer Habilitationsschrift fallengelassen werden.

Aber »der« Georg Forster hat mich nie mehr losgelassen. Nach gut vierzig Jahren konnte ich ihn endlich in einem Buch *1789 – Heroischer Aufbruch und Herrschaft des Schreckens* (Stuttgart 1988) würdigen. Doch nach dem Zweiten Weltkrieg wandte ich mich erst einmal der Bildung von Lehrern für Volksschulkinder zu.

So wurde Berneck eine entscheidende Station in meinem beruflichen Leben. Aber nicht nur das. In der kleinen Fichtelgebirgsstadt warteten auch ungeahnte menschliche Beziehungen auf mich, die jetzt erfahren und später vertieft werden wollten. Zu dem noch jungen evangelischen Pfarrer Roland Klein und seiner Familie bahnte sich ein freundschaftliches Verhältnis an. Er ließ mich erleben, was ein protestantischer Gottesdienst sein kann, wenn die liturgische Feier des reformatorischen Bekenntnisses in den Mittelpunkt gestellt wird. In Roland traf ich auf einen Menschen, mit dem man endlich auch wieder positive und ernsthafte Gespräche über Rudolf Steiner und die Anthroposophie führen konnte.

Er war ein immer gern gesehener Gast bei Lilli Bischoff, der Leiterin des Bernecker Kneippsanatoriums »Quelle«.

In ihrem Haus traf sich im ersten Nachkriegsjahr ein kleiner Kreis heimatlos gewordener und »ausgebombter« Intellektueller zu gelegentlichen Vorträgen und Konzerten. Hier war es, wo ich den Pianisten Wilhelm Kempff kennenlernte, den international bekannten Interpreten klassischer und romantischer Musik. Ihn im kleinsten Kreis spielen zu hören, war ein Geschenk besonderer Art.

In der »Quelle« fand ich sowohl eine ausgesucht gute Bibliothek europäischer Belletristik vor als auch die beiden Töchter von Lilli und Adelbert Bischoff, die auf verschiedene Weise in dem Sanatorium tätig waren: Holde und Gertrud, ungefähr genauso alt wie ich. Aus der von Roland Klein gestifteten Bekanntschaft mit ihnen sollte, als wir uns zehn Jahre später wieder begegneten, eine lebenslange Freundschaft werden.

Holde Bischoff hat mir im Sommer 1955 geholfen, eine schwere Rippenfellentzündung zu überwinden. Sie pflegte mich gesund. Seither »regiert« sie in meiner oft recht komplizierten Haushaltung, die längst aus den Fugen geraten wäre, würde sie nicht mit sanfter Gewalt für jenes Mindestmaß an Ordnung sorgen, das für einen »Schreiberling« meiner Art unabdingbar ist.

Oldenburg und England

Die Grundlinien meines Lebens hatten sich bereits abgezeichnet, als die Nachkriegszeit begann: Pädagogik im weitesten Sinn und ein bleibendes Interesse für die historischen Wurzeln des Zeitgeschehens. Als ob ich diesen Lebenslinien folgen wollte, ging ich von Berneck, dem lieblichen Fichtelgebirgsstädtchen, in den Nordwesten Deutschlands, wo das Land ganz platt und baumarm ist. Ich wußte, daß die politischen Verhältnisse mich aus der vorgesehenen Bahn geworfen hatten: keine Universitätslaufbahn, keine Habilitation, sondern nackte Existenzsicherung. Wie gut, daß ich 1944 noch das Staatsexamen für das »Lehramt an höheren Schulen« gemacht (und grandios bestanden) hatte. Ich wollte nie Lehrerin an einer Schule werden, nie in den Staatsdienst treten. Aber nun hatte ich keine Wahl und meldete mich für ein Referendarjahr in »Oldenburg in Oldenburg« an. Das hatte gute Gründe, denn in dieser Stadt wohnten meine Freunde Otto und Regine Borchers, jenes Ehepaar, das während der Judenverfolgung »Mutter Grawe« versteckt hatte. Sie besaßen ein großes Schuhgeschäft und waren mit den Meinhofs freundschaftlich verbunden, denen sie nun eine Wohnmöglichkeit verschafften – und ich zog mit. Es war ein ziemlicher Sprung vom Fichtelgebirge in die Wesermarsch. Ein Tiefland mit viel Wind und Regen, häufigem Nebel und einem Hauch von Nordsee erwartete mich.

Mir fehlten die Burgen und Berge, mir fehlte der Wald. Dafür konnte man hier aber stundenlang radfahren, als ob man in Holland wäre. Wenn der Wind die Wolken aufriß und kurze Zeit eine zauberhafte Klarheit über Marsch und

Geest lag, konnte ich mich an die Farben von Schmidt-Rottluff und Nolde erinnert fühlen. Die Leute redeten ein Plattdeutsch, das mir fremd war, obwohl ich »das Platt« doch schon in Pommern kennengelernt hatte. Aber hier redeten die Leute vom s-pitzen S-tein, und ich freute mich, daß ich in meinem Studium »Historische Grammatik« mitgemacht hatte und deshalb wußte, daß die Norddeutschen von der zweiten Lautverschiebung unberührt geblieben waren. Auf die Wirklichkeit dieses Phänomens zu stoßen, war ebenso ernüchternd wie amüsant. Der Assistent am Oldenburger Landesmuseum sagte einmal, das Idiom der Bewohner karikierend: »An der S-peers-pitze von Westers-tede ist ein S-tück abges-plittert«, und lachte. In diesem, mir unvergeßlich gebliebenen Satz steckte nicht nur viel Ironie, sondern auch ein gutes Stück Vorgeschichte. Es gab ja berühmte prähistorische Steinsetzungen in der Nähe Oldenburgs, die großen Eindruck auf mich gemacht haben. Die Vorzeit rückte erstmals in mein unmittelbares Interesse.

Kaum hatte ich mich in der Huntestadt etabliert, hörte ich von Bekannten, daß ein kleiner Bus nach Wildeshausen fahren würde, wo man die großen prähistorischen Steinsetzungen betrachten könne. Selbstverständlich mußte ich daran teilnehmen. Ich war aufs tiefste beeindruckt von Größe und Länge der von Heidekraut überwachsenen riesigen Grabhügel. Die Begegnung mit der Vorzeit ließ sofort Fragen in mir aufsteigen. Stammten diese uralten steinzeitlichen Gräber etwa aus der Zeit, die man der ägyptisch-babylonischen Kulturepoche zurechnen darf? Ich kannte niemanden in Oldenburg, mit dem ich darüber hätte sprechen können. Es gab damals dort weder einen Zweig der Anthroposophischen Gesellschaft noch eine Gemeinde der Christengemeinschaft, und die Stadt Bremen lag sehr fern, weil die Weserbrücken im Krieg gesprengt worden waren und man einen großen Umweg fahren mußte, um die bombenzerstörte alte Hansestadt erreichen zu können.

Die kleine Omnibusreise nach Wildeshausen sollte weitreichende Folgen für mich haben. Auf der Rückfahrt kam ich hinter zwei Herren zu sitzen, die sich laut und lebhaft über Dornach unterhielten und sich dabei heftig über die Bedeutung Marie Steiners und Albert Steffens für die Geisteswissenschaft stritten. Ich war sprachlos und entsetzt. Was war denn während des Krieges »auf dem Hügel« geschehen? Jetzt, wo das Verbot der Anthroposophischen Gesellschaft aufgehoben worden war und ich von ihr für den Neuanfang im zerstörten Mitteleuropa so sehr viel erwartete, jetzt stritt man sich in der Schweiz und in Deutschland erbittert um den »Nachlaß« Rudolf Steiners. Offenbar war einer der vor mir Sitzenden ein rigoroser Gegner der »Frau Doktor«, er nannte Namen von mir bekannten und geschätzten Dornacher Vortragenden, redete aber nur übel von ihnen.

Nach Beendigung der Busfahrt gab ich mich den beiden zu erkennen, entschuldigte mein ungewolltes Mithören und bat um Unterrichtung über die erwähnten Vorgänge. Das hätte ich besser nicht tun sollen; denn nun wurde ich schon bald mit »Material« überschüttet. Ein Streit war unter den Anthroposophen entbrannt, wie ich ihn nie für möglich gehalten hätte: pro und contra Marie Steiner, pro und contra Albert Steffen. »Streitschriften« kursierten in der Schweiz und in Deutschland, als hätte es nie diesen schrecklichen Krieg gegeben, als wäre die nationalsozialistische Diktatur nie über uns gekommen. Ich war wie vor den Kopf geschlagen und konnte es nicht fassen, daß die Anthroposophen in dem kriegszerstörten Europa und vor allem in dem postfaschistischen Deutschland nichts besseres zu tun wußten, als sich über die Nachfolge Rudolf Steiners zu streiten. »Sine nefas« hieß eines der Pamphlete, das mir in Erinnerung geblieben ist. Ich konnte nicht verstehen, daß Anthroposophen, die so viel Negatives im »Dritten Reich« erlebt hatten, sich mit juristischen Finessen gesellschaftspolitischer Art herumschlugen und sich gegenseitig diffamierten. Wir waren doch alle mit der Herrschaft des Bösen konfrontiert worden, haben 1945 die Befreiung vom menschenverachtenden Totalitarismus begrüßt und wollten nach geistgemäßen Formen für die Entstehung einer besseren Welt suchen. Und nun dieser tiefe Fall in die miserable Rechthaberei sich bekämpfender Anthroposophen. Ich vertiefte mich in die »Streitschriften«, die mir zugänglich gemacht wurden, und merkte, wie gut es war, daß ich mich in der Streitschriftenliteratur des Mittelalters auskannte. In meinem Studium hatte ich mich intensiv mit den Streitschriften beschäftigt, die während des Kampfes Kaisertum gegen Papsttum verfaßt worden waren. Es gab nichts, was die beiden Seiten sich damals nicht an wahrheitswidrigen Vorwürfen erspart hätten. Aber wir lebten doch nicht im Mittelalter und durften uns auch nicht hinter dem Jesuitensatz verstecken, daß der Zweck die Mittel heilige. Ich war sehr niedergeschlagen, als ich nach meiner Fahrt zu den Steinsetzungen von Wildeshausen und meiner ersten Nachkriegsbegegnung mit Anthroposophen erkennen mußte, was sich in Dornach und Stuttgart zugetragen hatte.

Ich suchte alte Bekannte aus der Vorkriegszeit auf, die jetzt nach Bremen verschlagen worden waren, und wollte mich mit ihnen beraten. Meine Vertiefung in die anthroposophischen Streitschriften und die Technik des erübten Vergleichs hatten mich zu dem Ergebnis gebracht, daß Marie Steiner Unrecht geschehen war. Aber die Bremer Freunde erwiesen sich als glühende Steffen-Anhänger, waren zu keiner Überprüfung des Sachverhalts bereit und empfanden mein Suchen nach Objektivität beinahe als ketzerhafte Abtrünnigkeit von der »wahren Lehre«. Sie hörten mich zwar geduldig an, ließen mich auch nicht fallen und bewahrten mir ihre Freundschaft. Aber sie unternahmen doch den vehementen Versuch, mich gegen die von mir verehrte Marie Steiner einzunehmen. Ich sah mich nun völlig alleingelassen in meinem Versuch, in den Verhältnissen der »Stunde Null« nach dem Kriege zu einer anthroposophischen Durchdringung der Zeitlage zu kommen. Es wurde schlimmer als zuvor, und immer mehr wurde ich mit einseitigen Stellungnahmen bombardiert, wobei mir der oftmals gehässige Tonfall im Streit um den »Nachlaß« Rudolf Steiners auf die Nerven ging. Ich kannte niemanden, mit dem ich über mein Anliegen über die Situation innerhalb der »Gesellschaft« leidenschaftslos hätte sprechen können. Daß ich der sogenannten »Außenwelt« große Beachtung schenkte und politisch interessiert war, konnte auch nicht verstanden werden. Man wollte mich davon überzeugen, daß ich mich durch ein politisches Engagement von der Geisteswissenschaft Rudolf Steiners entfernen würde, und es half mir gar nichts, wenn ich von der »Dreigliederungs«-Zeit redete. Ich fühlte mich wie ein Ketzer des Mittelalters, mit dem ja auch immer lange Gespräche geführt wurden, bevor er verurteilt wurde. So beschloß ich, mich keiner der beiden sich befehdenden Seiten anzuschließen, sondern ging auf Distanz und entschied, mich nur noch am Vortragswerk Steiners zu orientieren. Vielleicht war das etwas hochmütig. Aber ich hatte keine Lust und auch keine Zeit für die Teilnahme an – wie mir schien – überflüssigen Querelen. Da Dr. Wachsmuth mich kurz vor Kriegsausbruch zum »vorläufigen Mitglied« erklärt hatte (s. S. 62), glaubte ich, mich aus den Streitereien heraushalten zu können, indem ich einfach auf die ordentliche Mitgliedschaft verzichtete. Ich hätte auch gar nicht gewußt, wo mich melden. Damals gab es in Oldenburg keine anthroposophische Gruppierung, geschweige denn einen »Zweig«. Daß man mich als

»freistehendes« Mitglied am Goetheanum führte, konnte ich nicht ahnen und habe es erst nach vielen Jahren entdeckt.

So begann ich mein Leben in Oldenburg als Studienreferendarin an der Cäcilien-Schule, einer höheren Mädchenschule, und selbstverständlich machte ich mich sofort mit der Geschichte und Geologie des Landes vertraut. Goethes Abhandlung über den »Granit« hatte mir das Einleben im Fichtelgebirge erleichtert, aber hier auf Marsch und Geest, wo nur diejenigen Leute etwas galten, deren Namen im »Herdbuch« standen, die also anerkannte Besitzer von Zuchtbullen waren? Ich wurde bald eines Besseren belehrt. Das Landesmuseum besaß nicht nur großartige Bodenfunde aus der Megalith-Kultur und Bronzezeit. Es barg auch eine hervorragende Sammlung von Gemälden des Goethe-Freundes J. H. W. Tischbein, von dem das berühmte Bild »Goethe in der Campagna« stammt. Außerdem wußte ich schon, daß der bedeutende, frühverstorbene Aufklärer Helferich Peter Sturz (1736–1779) hier gelebt hatte. Er war einer jener Schriftsteller, die im Dunkel hinter der hellen Lichtquelle der Weimarer Klassiker gestanden haben. Befreundet mit Lichtenberg, Johann Heinrich Merck und Lessing hat er viele geistreiche Aufsätze hinterlassen. Er war nach einem bewegten Leben nach Oldenburg gekommen, das gerade zum Herzogtum (1777) erhoben worden war. In meiner Oldenburger Zeit konnte ich eine Auswahl seiner »Kleinen Schriften« unter dem Titel *Auf dem Wege zur klassischen Form* (Hamburg 1948) herausgeben und wundere mich noch heute über das Vorwort, das ich damals zustandegebracht habe. Heute könnte ich es nicht anders oder besser schreiben.

Es muß die Umbruchstimmung der unmittelbaren Nachkriegszeit gewesen sein, die Freude über die gewährte Meinungsfreiheit in Wort und Tat, die schöpferische Kräfte freigesetzt und mich zu immer neuen Unternehmungen ermutigt hat. Denn eigentlich war ich doch nach Oldenburg gekommen, weil ich hier als Referendarin das Studienseminar besuchen wollte. Das geschah ja auch, war mir aber gar nicht wichtig. Ich wußte, daß im nahen Dangast (am Jadebusen) ein Maler lebte, dessen Bilder von den Nazis zur »Entarteten Kunst« gezählt und der brotlos gemacht worden war: Franz Radziwill. Er gehörte wie George Grosz, Otto Dix und Georg Schrimpf zu den Malern der »Neuen Sachlichkeit«, und wie diese war er in den Orkus geschickt worden. Als ich ihn nun in Dangast aufsuchte, wurde ich von ihm gleich heftig umarmt. Er hatte nämlich schon erfahren, daß ich in Oldenburg einen öffentlichen Vortrag über ihn gehalten und den Zuhörern von seinem Schicksal berichtet hatte. Nur wenige von ihnen kannten noch seinen Namen. Ich schlug Radziwill vor, eine Ausstellung seiner Bilder zu veranstalten, und wir suchten gemeinsam die Exponate heraus, die uns geeignet erschienen. Die Ausstellung kam zustande, und es gelang mir, nach ihrer Eröffnung Interessenten für den Kauf einiger seiner Bilder zu gewinnen. Es störte ihn nicht, daß ich nur eine kleine Studienreferendarin war. Später hat es in mehreren deutschen Großstädten Radziwill-Ausstellungen gegeben. Ich bin froh, daß ich mir die »Feder an die Kappe« stecken darf, die erste ihrer Art in Oldenburg zusammengestellt zu haben.

Doch nicht nur Radziwill, auch andere kulturelle Notwendigkeiten bei dem Neubeginn nach 1945 hielten mich in Atem. Ich war jung, ich war »unbelastet« von einer NS-Vergangenheit, und ich war eine Frau mit einigermaßen Bildung und großer Einsatzbereitschaft. Mir standen alle Türen offen in einer Männergesellschaft, die sich vorsichtig der Forderung nach »Gleichberechtigung der Geschlechter« bewußt wurde.

Auf diesen Umstand ist wohl auch zurückzuführen, daß ich von den Besatzungsbehörden am Neuaufbau des Oldenburgischen Staatstheaters beteiligt wurde. Man holte mich in den Theaterausschuß, wo ich an der Erneuerung des Ensembles und beim Aufbau eines Spielplans mitwirken konnte. Derartig exzeptionelle Tätigkeiten einer Lehramtsanwärterin mußten dem Lehrerkollegium der Cäcilien-Schule nicht ganz geheuer sein, zumal ich auch noch gute Lehrerfolge aufzuweisen hatte. War das ein Wunder? Die Kollegen wußten eben nicht, daß die Kinder der Bernecker Volksschule mich erstklassig in Methodik und Didaktik des Unterrichts eingeführt hatten.

Lächerlicher als in Oldenburg konnte die offizielle Referendarausbildung gar nicht sein. Einmal in der Woche wurde eine zweistündige »Besprechung« veranstaltet, zu der ich fast immer zu spät kam. Aber warum sollte ich pünktlich sein, wenn der Seminarleiter erleichtert aufatmete, sobald ich erschien: »Gott sei Dank, Sie kommen«, begrüßte er mich trotz meiner Verspätung und meinte es sogar ganz ehrlich. Ich glaube, er und auch andere sind schuld daran, daß ich immer im letzten Augenblick erscheine, wenn ich irgendwo »auftreten« muß und mir seelenruhig sage: Ohne mich kann es sowieso nicht losgehen. Eine Ausbildung habe ich also in Oldenburg überhaupt nicht bekommen. Statt dessen erklärte mir der Regierungsschulrat, ich hätte »in der Cäcilie« den Deutschunterricht in einer Unterprima (11. Schuljahr) zu übernehmen, weil der betreffende Fachlehrer, Dr. Stolle, langfristig erkrankt sei; ich müsse ins kalte Wasser springen.

Das Wasser aber war gar nicht kalt und die Klasse auch nicht »hoffnungslos schwierig«, wie die älteren Kollegen mir skeptisch prophezeit hatten. Die Schülerinnen − fünfzig an der Zahl − waren nur widerborstig und aufsässig, wenn verständnislose Lehrer sie unterrichten wollten. Die Siebzehn- und Achtzehnjährigen waren von Kriegserfahrungen, Zusammenbrüchen und Flüchtlingsproblemen geprägt worden. Sie waren kein »normales« 11. Schuljahr, sondern ein Haufen bunt zusammengerüttelter Jugendlicher aus allen Teilen des geschlagenen Deutschland, das seine Identität verloren hatte. Die alten und älteren Lehrkräfte konnten ihnen nicht imponieren, denn man wußte doch, wie viele von ihnen die Nazivergangenheit hinter sich herschleppten und dem Alten noch immer verhaftet waren. Da hatte ich es viel besser, erschien ihnen jung und unverbraucht und hatte keine Belastungen.

Infolgedessen war es leicht für mich, sie aus der Enge und Beschränktheit ihrer Hitlerjugendzeit herauszuholen und sie in die helle Welt großer deutscher Dichtung zu führen. Geschichtsunterricht zu erteilen, war von den Besatzungsmächten verboten worden. Es blieb mir sowieso nur übrig, Deutsch (und Geographie) zu lehren; Germanistik lag mir aber auch sehr, kam ich doch aus Jena, wo ich vom genius loci der Goethezeit berührt worden war. »Zufällig« stand »Deutsche Dichtung 17. und 18. Jahrhundert« auf dem Lehrplan, den die Schule sich mangels genereller Vorschriften selber zurechtgezimmert hatte. Barockdichtung und die Zeit des jungen Goethe mußte behandelt werden. Etwas besseres hätte mir nicht passieren können.

Als ich den riesigen Raum der Klasse betrat, herrschte lebhaftes und lautes Stimmengewirr, und niemand nahm Notiz von mir. Man hielt mich wohl für eine noch unbekannte Schülerin und lärmte weiter. Schließlich erhob sich eine große, schlanke Gestalt mit einem besonders schönen Gesicht und brachte ihre Mitschülerinnen freundlich zur Ruhe. Es war Annemarie Perlia, die mir im nächsten Jahr das Leben retten sollte, als ich beim Schwimmen in der Nordsee den Gezeitenwechsel falsch eingeschätzt hatte und in den unbezwinglichen Sog der Ebbe geraten war. Annemarie Perlia, die stets Zuverlässige, ermöglichte mir also den reibungslosen Einstieg in meine erste Unterrichtsstunde in der Unterprima. Ich hatte mich stundenlang darauf vorbereitet, wissend, wie entscheidend die erste

Stunde für die Akzeptanz eines Lehrers durch die Schüler ist. Auch hatte ich Rudolf Steiners »Mein Lebensgang« vor Augen gehabt und mir klargemacht, wieviel Zeit er sich bei der Vorbereitung auf eine einzige Unterrichtsstunde für den hydrophalen Knaben in Wien genommen hat. Oldenburger Unterprimanerinnen waren nicht »seelenpflegebedürftig« wie jener Junge mit dem Wasserkopf. Oder waren sie es etwa doch? Sie hatten alle irgendwie an ihrer Seele Schaden genommen an den Grauen des Zweiten Weltkriegs. Ich begann mit dem Gedicht »Tränen des Vaterlands« von Andreas Gryphius, dem Dichter des Dreißigjährigen Krieges, und sprach die Worte: »Wir sind doch nunmehr ganz, ja mehr denn ganz verheeret...« in die Klasse hinein, die sogleich ganz still wurde und in schönster Weise mitging.

Die gefürchtete erste Unterrichtsstunde war überstanden und der Grund für ein erfreuliches Lehrer-Schüler-Verhältnis gelegt worden. Ein halbes Jahr konnte ich in dieser Klasse unterrichten, und niemand redete mir in meinen Unterricht hinein.

Mit »Werthers Leiden« des jungen Goethe ließ sich nahtlos an das Vorhaben des erkrankten Lehrers anknüpfen. Elternabende mit Darbietungen aus den Unterrichtseinheiten durch die Schülerinnen waren eine unbekannte Einrichtung in Oldenburg. Von den Eltern wurden sie sehr begrüßt, nicht aber von den meisten meiner mit Abstand älteren Kollegen. Viele von ihnen konnten meine Unterrichtserfolge nur mißbilligend betrachten, während die britischen »Education officers« mir größtes Wohlwollen entgegenbrachten. »Die Engländer« stellten mir Militärlastwagen zur Verfügung, damit ich mit der Klasse Freizeiten in Jugendherbergen auf den Nordsee-Inseln Norderney und Juist machen konnte. Einige der Schülerinnen jener Klasse sind mir in guter Erinnerung geblieben: Irma Graf, Liselotte Eisenbarth, Annemarie Perlia und Ruth Zill-

1948 auf der Insel Juist

ger. Letztere hat die Jugendschwärmerei für mich in eine Freundschaft verwandeln können, aus Annemarie Perlia wurde eine ausgezeichnete Architektin in Brüssel, Liselotte Eisenbarth entwickelte sich zur Publizistin, Irma Graf hat sich leider viel zu früh aus dem Leben verabschiedet. Wahrscheinlich um meine »Lehrkunst« auf den Prüfstand zu stellen, entzog man mir zu Beginn des neuen Schuljahres den Unterricht in der Oberstufe und steckte mich in eine Sexta (5. Schuljahr). Für die »Kleinen« hatte man im Kollegium insgesamt nicht viel übrig. Aber die »Kleinen« waren allesamt liebenswerte und aufgeweckte Kinder, die mir nach meinem bestandenen Assessorexamen das Leben nur leicht machen konnten. Der reine Fachunterricht (Deutsch und Geographie) mißfiel mir sehr, was den Kindern aber verborgen blieb. Sie freuten sich, daß in meinen Stunden so viel gesungen wurde – diesmal nicht vom Schifferklavier, wohl aber von der Geige begleitet. Da ich jeden Tag mit dem Fahrrad zur Schule fuhr, liefen sie mir scharenweise entgegen, rannten fröhlich mit und zogen vergnügt in den Schulhof ein. Das mußte auf einige meiner Kollegen sehr ungehörig wirken. Sie hielten mir indigniert vor, ich sei ein »Rattenfänger von Hameln«, und ließen mich nachdenklich werden. Es mag sein, daß mir jener »sittliche Ernst« gefehlt hat, den Erich Kästner in »Emil und die Detektive« durch einen griesgrämigen Pauker so sarkastisch einfordern läßt. Aber die Kinder waren fröhlich, und nur darauf kam es mir an. Erika Rufer und Ariane Garlichs (heute Pädagogikprofessorin) gehörten zu der vergnügten Kinderschar jener Oldenburger Sexta.

Daß Oldenburg überhaupt zu einer wichtigen Lebensstation werden konnte, war den Meinhof-Freunden Otto und Regine Borchers zu danken. »Die Borcherse«, wie wir sie nannten, fanden bereits Erwähnung. Sie waren es, die in der schlimmsten Phase der Judenverfolgung (S. 56) der Grawe-Familie Zuflucht gewährt und Hilfe geleistet hatten. Jetzt halfen sie der Witwe ihres Freundes Werner Meinhof und ihren Kindern Wienke und Ulrike (und damit auch mir). Sie hatten uns eine Wohnung verschafft, und so konnte das Leben in Oldenburg beginnen.

Ich war nach Oldenburg »mitgegangen«, bekam aber bald schon von der Hamburger Universität einen Lehrauftrag angeboten. Ich schlug ihn aus – obwohl ich gerne im Fach Numismatik mitgearbeitet hätte – und saß nun an einem Ort fest, an den das Schicksal mich verschlagen hatte.

Daß ich dort blieb und nicht nach Hamburg übersiedelte, hing mit der offenkundigen Verschlechterung des Gesundheitszustandes von Ingeborg Meinhof zusammen. Von Kind an litt sie unter Asthma und hatte es allein schon deswegen sehr viel schwerer als ich, den Lebenskampf der Nachkriegszeit durchzustehen. Auch sie war Studienreferendarin geworden, aber im Referendarjahr war sie bei weitem nicht mit so glücklichen Voraussetzungen gesegnet wie ich.

Sie war gesundheitlich schon sehr angeschlagen, als wir in Oldenburg ankamen. Obendrein mußte sie sich nach einem Jahr einer Krebsoperation unterziehen, von der sie sich nie mehr erholt hat. In dem extrem kalten Vorfrühling 1949 zog sie sich eine Lungenentzündung zu und starb ganz unerwartet plötzlich während eines schweren Asthmaanfalls. Die in der Nacht herbeigerufene Ärztin konnte nur noch ihren Tod feststellen. Doch sie nahm einen sehr schönen, ja erhabenen Erdenabschied. Als sie ihre letzten Atemzüge tat, betete sie laut das Vaterunser. So konnte ich die Kinder zu ihr führen, die ein wunderschönes, friedvoll gelöstes Antlitz zeigte. Ulrike bat, daß wir zusammen im Johannesevangelium lesen sollten, und beide Kinder schluchzten oder weinten nicht. Sie sahen mich nur mit großen Augen an und waren unglaublich gefaßt und still. Bei der gewünschten Lesung des Evangeliums unterbrach mich Ulrike beim 16. Vers des 3. Kapitels und entschied, daß das der Spruch zu sein habe, den wir ihrer Mutter ins Grab mitgeben sollten. Ulrike stand damals kurz vor ihrer Konfirmation. Im Alten Testament hieß es doch: »Ich habe dich bei deinem Namen gerufen – du bist mein, spricht der Herr«, tröstete sie sich und mich. An klarem Denken fehlte es ihr selbst in dieser Situation nicht. »Jetzt haben wir nur noch dich«, stellte sie in rührend bittender Anhänglichkeit fest und schob bei der Beerdigung ihren Arm unter den meinen. Der Tod ihrer Mutter sollte nicht nur das Leben der Kinder, sondern auch meines verändern. Ich hatte das 28. Lebensjahr im Oktober vollendet.

Wienke und Ulrike waren nun Vollwaisen geworden, hatten erst den Vater und dann die Mutter verloren. So gut es ging, nahm ich sie bei den nächsten Schritten auf meinem Lebensweg mit.

Während der Studienzeit in Jena hatte ich mir vorgenommen, niemals in den Staatsdienst einzutreten. Aber nun mußte ich es doch tun, schon um die verwaisten Kinder durchzubringen. Sie erhielten jedes nur eine Waisenrente aus der Angestelltenversicherung von monatlich nicht einmal zwanzig (20,–!) DM. Diese Summe kann mehr als viele Worte die Zeitverhältnisse charakterisieren. Die Verwandten der Kinder lebten selber in Not. Ihr Großvater, Johannes Guthardt (s. S. 87), konnte uns nur mit ganzen DM 50,– helfen. Mein erstes Gehalt belief sich auf DM 230,– im Monat; ich mußte also kräftig hinzuverdienen, wenn wir drei leben wollten. Dieser Notlage und den beiden Kindern ist es zu danken, daß ich wurde, wie ich bin. Ich schrieb Aufsätze für einige Zeitungen und Zeitschriften, gab einige Bücher heraus: *Die Nachtwachen des Bonaventura* (Wedel 1948), *Gedichte des jungen Goethe* (Hamburg 1949). Ich übernahm es, Volksschulelesebücher (für die Länder Niedersachsen und Schleswig-Holstein) herauszugeben, und fertigte einen *Kleinen Geschichtsat-*

Mit Ulrike (links), Wienke (rechts)
und dem Patenkind Christiane 1948

las (Oldenburg 1950) an, den ersten, der nach dem Krieg herauskommen durfte. Da gab es dann auch Honorare, die mich zu meiner großen Überraschung aus den Geldkalamitäten befreiten. Als ich die erste größere Honorarabrechnung bekam, war ich überglücklich: eintausend Mark! Das erzählte ich Ulrike, als sie aus der Schule nach Hause kam, und unsere Freude war groß. Eine Stunde später erschien ihre Schwester Wienke, die von ihr aufgeregt begrüßt wurde: »Wir haben tausend Mark gekriegt!« Auch Wienke strahlte, rannte erregt in die Wohnung, holte sich das glückbringende Schreiben, las es und lief rot an: »Ihr könnt wohl nicht lesen! Ihr habt ja eine Null übersehen. Es sind nicht tausend, es sind zehntausend.« Ich hatte vor lauter Freude tatsächlich falsch gelesen. Wir lachten, umarmten uns und fühlten uns sehr reich. Beide Kinder fanden, ich könne mir jetzt doch ein Auto leisten. Noch am gleichen Nachmittag kaufte ich mir meinen ersten gebrauchten VW.

Aber ich fuhr mit ihm nicht etwa in die Cäcilien-Schule. Nein, er brachte mich in die Pädagogische Hochschule. Denn ich hatte mich 1948 um die vakante Geschichtsdozentur beworben und sie prompt auch erhalten. Es war das erste Mal, daß ich eine Bewerbung um eine Dozentur geschrieben habe. In der Zukunft folgte ich nur noch Berufungen.

Der Übergang vom Schullehrerdasein zur Hochschultätigkeit mußte nun bewältigt werden. Die Vorlesungen und Übungen an der PH fielen mir nur scheinbar leicht. Es war wirklich nur Schein, denn wenn es auch so aussah, als könnte ich alles »aus dem Ärmel schütteln«, so steckte in Wahrheit sehr viel nächtliche Arbeit dahinter.

Die Erinnerung an meine Oldenburger Zeit (1946 bis 1951) vermag ich aber nicht abzuschließen, ohne an meine verschiedenen Englandreisen zu denken. Schule und Hochschule im Oldenburger Land unterstanden der britischen Besatzungsmacht, die bekanntlich großen Einfluß auf den Wiederaufbau des Kulturlebens und des Bildungswesens nahm. Eines Tages (1950) erschien ein weiblicher Education Officer in meiner Wohnung und lud mich zu einem vierwöchigen Aufenthalt in England ein. Nachdem ich geklärt hatte, was während meiner Abwesenheit mit den Kindern geschehen konnte, nahm ich die Einladung an. Ich wurde in England von Robert Logan, dem County Chief von Worcester, und seiner Frau Elisabeth in Empfang genommen und von ihnen in das Teacher Trainings College von Shenstone gebracht. Dort lernte ich erstmals, was ein »understatement« ist, und konnte beobachten, wie British democracy eigentlich funktioniert. Vor allem lernte ich dort die englische Umgangssprache kennen.

Als ich nach Deutschland zurückfuhr, hatte ich eine Einladung für two terms (zwei Trimester) Gastdozentur in diesem College in der Tasche. Ich ging damit, sobald ich wieder nach Oldenburg zurückgekehrt war, zu dem Leiter der Hochschule, Professor Dr. Max Wocke, der mich hoch erfreut wieder in Empfang nahm.

Doch meine mitgebrachte Einladung für eine Gastdozentur war für ihn wie ein Wermutstropfen im schmackhaften Wein. Dennoch trat er im Kultusministerium für meine offizielle Beurlaubung ein. Ich konnte sie aber nur annehmen, wenn ich Ulrike unterbringen konnte. (Wienke war in ihrer Krankenschwesterausbildung und also versorgt.) So brachte ich Ulrike zu ihrer »Tante Tilla«, der ältesten Schwester ihres verstorbenen Vaters, die als Frau eines lutherischen Pastors in Wuppertal lebte. »Tante Tilla«, ein sehr liebenswerter Mensch, war sofort bereit, Ulrike während meines Englandaufenthalts bei sich aufzunehmen. So bot sich nun die überaus günstige Gelegenheit, Ulrike in der Wuppertaler Waldorfschule anzumelden. Die Lehrer waren sehr freundlich und hilfreich. Sie hätten eigentlich für eine so kurze Zeit keine Schülerin aufnehmen dürfen. Aber sie kannten mich, weil ich im Vorjahr einen für sie sehr überraschenden Vortrag über Anthroposophie und Rudolf Steiner – ausgerechnet in einer protestantischen Wuppertaler Kirchengemeinde – gehalten hatte. Einige Lehrer aus der Waldorfschule waren dabeigewesen. Sie hatten alles andere erwartet als meine positiven Ausführungen zum Lebenswerk Steiners und waren anschließend mit mir ins Gespräch gekommen. Meine schwierige Lebenslage kennend, machten sie nun eine große Ausnahme und ließen Ulrike an dem Waldorfschul-Unterricht teilnehmen. Ulrike war hellauf begeistert und ging plötzlich liebend gerne zur Schule.

Ich konnte seelenruhig nach England reisen und die Gastdozentur übernehmen. Weihnachten fuhr ich nach Oldenburg, um dort mit beiden Kindern das Fest in ihrem Zuhause zu feiern. Aber ein großes Problem war entstanden. Die Wuppertaler Verwandten baten mich, mit Rücksicht auf Kritik innerhalb ihrer Kirchengemeinde, Ulrike aus der »ketzerischen« Waldorfschule herauszunehmen. Für Ulrike brach eine Welt zusammen, in der ihr zum ersten Mal Freude an der Schule geschenkt worden war. Was sollte jetzt geschehen? Sie war noch trauriger als ich, und alleinlassen wollte ich sie nicht. Ein kurzer Briefwechsel mit den englischen Freunden genügte, und sie luden die kleine Deutsche zu sich ein. Im Hause von Robert und Elisabeth Logan fühlte sie sich sehr wohl, und sie wurde maßlos verwöhnt. Nach kurzer Zeit zeigte sie sich vollendet britisch. An jedem Wochenende besuchte ich sie bei Logans, und als sie anfing, zwischen »our island« und »the continent« zu unterscheiden, »thank you Darling« zu sagen und sich mit »see you soon« von mir zu verabschieden, wußte ich, was die Uhr geschlagen hatte. Sie war »verry English« geworden. Wir waren beide sehr gerne in Great Britain.

117

Die Gastdozentur am Shenstone College, wo niemand deutsch sprach, lehrte mich, daß mein Shakespeare-Englisch höchst unnütz war und die Umgangssprache angeeignet werden mußte. Studenten und Dozenten halfen mir dabei mit echt englischer »politeness«. Nie brauchte es mir peinlich zu sein, wenn mir historische Fachausdrücke fehlten oder ich auch sonst stottern mußte: »Take it easy«. Was »democracy« und »common sense« ist, wurde mir im praktischen Tun vermittelt. Um die Sprache schneller beherrschen zu können, bat ich, mich in einer Grundschule unterrichten zu lassen. Denn ich wußte ja aus Berneck, was man alles von Kindern lernen kann. Wiederum halfen mir die Musik und meine Geige. Die englischen Kinder brachten mir ihre »folksongs« bei und freuten sich, wenn ich sie mit der Geige begleiten konnte. Durch sie wurde auch mein »slang« sehr bereichert, so daß ich nach ein paar Monaten Englisch fast wie meine Muttersprache sprechen konnte.

Damals begann auch meine »Kathedralen-Tour« quer durch alle Grafschaften von Great Britain. Nur Exeter habe ich nicht angeschaut. Mit Elisabeth und in Logans »Austin« habe ich auch nach der Rückkehr auf den »continent« noch mehrere Reisen durch England unternommen und eine Kathedrale nach der anderen aufgesucht. Ich war sehr froh, daß ich mich in meiner Jenenser Studienzeit bei dem Kunsthistoriker Otmar Kerber so intensiv mit der formalen Erfassung von Stilelementen vertraut gemacht hatte. Das kam mir jetzt sehr zugute.

Kerber hatte schon in seiner Habilitationsschrift über den Genter Altar Thesen über den Unterschied zwischen mittelalterlichen und neuzeitlichen Stilelementen niedergelegt. Durch seine Stilanalysen war es ihm möglich geworden, die mittelalterliche Gebundenheit Hubert van Eycks von der neuzeitlichen Gestaltungsweise seines Bruders Jan abzuheben. Für Kerber fing die Neuzeit mit dem Beginn des 15. Jahrhunderts an – ein Zeitpunkt, der sich mit Rudolf Steiners »nachatlantischer« Epocheneinteilung in Übereinstimmung bringen ließ. Aber Kerber war nicht etwa Anthroposoph, er war gläubiger Katholik. Seine Konzentration auf die Linienführung in Malerei und Zeichnung, in Plastik und Architektur war mir sehr präsent, als ich »Norman«- und »Tudor«-Stil in England mit der festländischen Romanik und Gotik vergleichen konnte. Von den vielen englischen Kathedralen, die ich bewundern durfte, hat keine auf mich so tiefen Eindruck hinterlassen wie Durham mit seinen gewaltigen Säulen. Durham liegt an der Irischen See, und Iona ist zu ahnen, wenn man die Kirche verläßt. Die englischen Kathedralen haben mir mehr über die Geschichte des Inselreiches sagen können als alle klugen historischen Bücher, Macaulay, Trevelyan, Taylor und Barraclough eingeschlossen.

Es war nicht sehr erhebend für mich, von den English cathedrals direkt ins Oldenburger Land zurückkehren zu müssen. Nicht nur das Fehlen von großer Kunst machte sich schmerzhaft bemerkbar, auch die Andersartigkeit des englischen und deutschen Volkscharakters fiel mir schwer aufs Gemüt. Wie distanziert gelassen, wie erholsam höflich waren doch die Engländer gewesen! Aber nun war ich wieder in Germany und mußte mich – sorry – an die kompakte Derbheit, aber auch nervöse Hektik meiner Landsleute erst gewöhnen. Mit Resentiments gegen das obrigkeitsstaatliche Verhalten der Deutschen war ich zurückgekommen. Das bekam dann auch gleich mein (sehr sympathischer) Hochschulrektor zu spüren.

Er stammte aus Schlesien wie ich, und das sagt alles. Schlesier halten immer zusammen, wenn sie in der Fremde sind, Schlesier freuen sich, wenn es ein Wiedersehen gibt. So ging es Wocke auch mit mir. Er glaubte, mir eine Freude zu machen, als er mir mitteilte, ich sei »beamtet« worden. Sehr verdutzt war er über meine Reaktion. Ich und »Beamtin auf Lebenszeit«! Ausgerechnet mir mußte das passieren, wo ich doch nach 1945 gegen die Wiedereinführung des deutschen Berufsbeamtentums bei jeder nur denkbaren Gelegenheit protestiert und gerade in England erlebt hatte, wie gut alles ohne orbigkeitsstaatliches Denken geht. Das deutsche Beamtentum sei für mich ein Anachronismus, ließ ich mich vernehmen. Man wolle doch wieder nur beflissene Staatsdiener erzeugen. Das sei nichts für mich. Ich wollte sowieso nur Lehrerstudenten ausbilden, die ohne Einwirkung von Obrigkeiten freie Menschen erziehen können. Ziemlich hilflos zuckte er die Achseln. Er konnte dann auch nur lachen, als ich ihm sagte, einen »Beamteneid« würde ich nie leisten. Grinsend drückte er mir die »kostbare« Urkunde mit den Worten in die Hand: »Denn eben nicht!« Ein Vorgang, der heute unvorstellbar ist.

Diese Unvorstellbarkeit erklärt zugleich, wie sehr die Bundesrepublik Deutschland in der Zwischenzeit Stadien eines Rückfalls ins obrigkeitsstaatliche Denken durchlaufen hat. Ich bin dank Wocke unvereidigt geblieben und später zum Professor gemacht worden. Unvereidigt wurde ich in die Kant-Hochschule Braunschweig berufen. Unvereidigt kam ich an das Pädagogische Institut Weilburg/Lahn, und unvereidigt lehrte ich fünf Jahre an der PH Wuppertal. Vielleicht haben meine niedersächsischen, hessischen und nordrhein-westfälischen Vorgesetzten mir eine Eidesleistung bei der Aushändigung meiner jeweiligen Ernennungsurkunde nie abverlangt. Sie taten es wohl deshalb nicht, weil sie annahmen, das sei schon in Oldenburg geschehen.

Doch der obsolete, nie geleistete Beamteneid sollte mir später noch schwer zu schaffen machen. Das ist umso merkwürdiger, als ich mich selbst als Zeugin in einem Gerichtsprozeß stets geweigert hätte, die Schwurhand zu heben. Das ist nie geschehen, aber ich hätte mich immer auf das Evangelium (Matth. 5,34 ff.) berufen und den Eid

120

*Dozentin an der Pädagogischen Hochschule 1950
in Oldenburg*

grundsätzlich verweigert. Ob die Richter das verstanden hätten? Zwingen hätten sie mich nicht können. Aber Eid hin, Eid her, in einer politisch aufgeheizten Situation ist dem Gegner oft jedes Mittel recht. Als ich an der Wuppertaler Hochschule lehrte (s. S. 149 ff.) und 1959/60 die Diskussion um die atomare Bewaffnung noch auf vollen Touren lief, machten sich die Befürworter der Rüstungspolitik des Bundeskanzlers Adenauer stark und griffen mich in der Presse von Flensburg bis Passau vehement an. Ich hätte meinen Beamteneid verletzt, der mich zum Gehorsam gegenüber »dem Staat« verpflichte, und demzufolge sei es unerhört, daß ich des Kanzlers Politik offen kritisiert habe. Was hätte es mir damals genützt, wenn ich wahrheitsgemäß erklärt hätte, nie einen Beamteneid geleistet zu haben? Es wäre kleinkariertes Gezänk daraus geworden; denn es ging ja gar nicht um den Eid. Es ging um eine politisch-moralische Grundsatzfrage. Ich mußte bei dieser Gelegenheit lernen, wie in jener Zeit das Grundrecht auf freie Meinungsäußerung erheblich eingeengt wurde und für Beamte nicht gelten sollte. Was hätten meine Gegner aber gesagt, wenn sie meine prinzipielle Auffassung vom Berufsbeamtentum gekannt hätten?

Ich war unversehens in eine große innenpolitische Auseinandersetzung geraten. Doch bevor es dazu kam, bin ich Schritt für Schritt meinen Berufsweg unbehelligt weitergegangen. Unvereidigt und frei.

Von Hochschule zu Hochschule

»Es wird niemand preußisch, denn aus Not; ist er es aber geworden, dankt er Gott.« Diese Redensart kannte ich noch aus meinen Breslauer Kindertagen, und ich rief sie mir oft in Erinnerung, wenn sich Hemmnisse auf dem Lebensweg einstellten. Die Schlesier waren durch »den alten Fritz« (Friedrich d. Gr.) im 18. Jahrhundert unterworfen und zu »Zwangspreußen« gemacht worden. Nach kurzer Zeit aber wurden sie froh über die preußische Herrschaft, die ihnen viele Vorteile für die persönliche Entwicklung brachte. Was sie als »Not« empfunden hatten, erschien ihnen nun als dankenswerte Gottesgabe. Ging es mir nicht ähnlich? War ich nicht »aus Not« in die Lehrerbildung gekommen? Einen »freien Beruf« hätte ich mir gewünscht, aber nun mußte ich für zwei Vollwaisen Sorge tragen: Ulrike ging noch zur Schule, Wienke wurde als Kinderkrankenschwester ausgebildet. Unser überaus knappes Einkommen konnte nur durch meine Nebeneinkünfte aufgebessert werden. Ich ergötzte mich an Friedrich Schlegels »Lob der Faulheit«, wo ich doch so gerne faul gewesen wäre. Statt dessen benutzte ich jede Gelegenheit, um Geld zu verdienen und den Lebensunterhalt zu sichern. Manchmal denke ich, daß ich ohne die Kinder nie zu Bekanntheit und akademischen Würden gekommen wäre. Freilich war ich mir immer bewußt, daß es Schicksal war, was mich getroffen hatte. Ich habe es mir doch selber so gewählt.

»Sie haben sich Ihre Kinder von der Konfektionsstange gekauft«, sagte ein Oldenburger Schulrat einmal anerkennend lachend zu mir, als ich mich nach der gemeinsam abgenommenen Prüfung eines Lehramtskandidaten rasch verabschiedete, um noch Mittagessen für Ulrike und Wienke kochen zu können.

Nach meinen überraschend hohen Honoraren für Lesebücher und den *Kleinen Geschichtsatlas* konnte und wollte ich mir eine Italienreise leisten. Ich nahm, meinen England-Aufenthalt dankend, Elisabeth Logan auf die Reise mit. Mit meinem VW fuhren wir 1950 in den Semesterferien an das Ziel meiner Träume: Florenz. Die Reise – allein schon durch Deutschland – war aufregend schön. Es gab nur wenige Teil-Autobahnen; man fuhr über verrottete Landstraßen und mußte viele Übernachtungen einlegen. Aber jeder Ort war ein Erlebnis. Ich sah die Schweiz wieder und machte einen Abstecher nach Dornach, betrachtete das Goetheanum nach den bösen Erfahrungen aus meiner Busfahrt zu den Steinsetzungen in Wildeshausen (s. S. 102f.), aber nur von außen. Die italienische Renaissance trieb mich unaufhaltsam voran. Und dann fühlte ich mich in Florenz von Lorenzo il Magnifico begrüßt. Hermann Grimms »Michelangelo« hatte mir die Stadt am Arno schon so lange vertraut gemacht; ich brauchte keinen Fremdenführer. Mein VW und die »Tedesca« wurden allgemein bestaunt. Denn welche deutsche Frau fuhr damals schon Auto, und noch dazu im Ausland!

Auf der Rückreise nach Oldenburg machte ich in Wiesbaden Station, und bei der Besichtigung der wilhelminisch aufgeputzten (unzerstörten) Stadt stand ich plötzlich vor einem Haus mit dem Schild »Kultusministerium«. An der Oldenburger Pädagogischen Hochschule hatte es Probleme mit der Lehrerbildung gegeben, und so wollte ich mich bei »den Hessen« erkundigen, wie sie ähnliche Probleme (»Spätheimkehrer« unter den Studenten) lösten. Im Kultusministerium geriet ich an die Ministerialrätin Schliebe-Lippert, die für Lehrerbildung zuständig war. Das lange Gespräch mit ihr endete mit der Aufforderung, nach Hessen zu kommen. Ich hatte eine Schwäche für das schöne, von deutscher Kulturgeschichte durchsetzte Land, zögerte aber mit einer Zusage, weil Oldenburg und seine Menschen mir viel bedeuteten. Doch ich erzählte meinem schlesischen Landsmann und Hochschulrektor Wocke, was ich in Wiesbaden gehört hatte. Ohne mein Wissen alarmierte er das Kultusministerium in Hannover, das mich in der niedersächsischen Lehrerbildung halten wollte. Man veranlaßte die Kollegen der Kant-Hochschule in Braunschweig, mich auf die erste Stelle der Berufungsliste für die Geschichtsvakanz zu setzen, d. h. im ordnungsgemäßen Verfahren wurde ich nach Braunschweig geholt. Um ganz sicher zu gehen, ernannte der Kultusminister mich obendrein zum Professor.

War ich wirklich so wertvoll? Ich glaube, daß man mich nur in Niedersachsen halten wollte, weil ich in jedem Semester einen einwöchigen Kurs für Lehrer gegeben hatte, die auf neue Weise und mit selbst hergestellten »Arbeitsmitteln« den Geschichtsunterricht gestalten sollten. Auf Schloß Schwöbber, einem prächtigen Renaissance-Bau unfern von Hameln, fanden die Kurse statt, und die dortige Leitung lag in den Händen einer bewunderungswürdigen Persönlichkeit, der Witwe Theodor Lessings, jenes jüdischen Philosophen, der von »völkischen« Studenten in der Weimarer Zeit so heftig angegriffen worden war.

Ich habe immer gerne Fortbildungskurse auf Schloß Schwöbber gegeben, auch wenn die Lehrer, die daran teilnahmen, alle älter waren als ich. Nur einmal, als die Geschichte des Nationalsozialismus zu behandeln war, regte sich ein würdiger Volksschuldirektor über meine Jugendlichkeit auf: Was könne ich denn schon von dieser Zeit wissen, über die ich so abfällig rede; ich sei viel zu jung. Ob er wisse, wie alt Herder war, als er Vorträge an der Rigaer Domschule hielt? Er war achtzehn Jahre alt, entgegnete ich ihm, und Schelling war noch nicht vierundzwanzig bei seinen Vorlesungen an der Jenaer Universität. Da entschuldigte sich der verärgerte Kursteilnehmer; er habe noch viel mit seiner NS-Vergangenheit zu tun. Er war ein feiner Mensch, und wir standen noch lange miteinander in Kontakt.

Es waren also nicht nur die Studenten an der PH Oldenburg, die mich mit dem Lande Niedersachsen verbanden, es waren auch Schloß Schwöbber und die vielen Lehrer, auf deren Einladungen hin ich landauf, landab fuhr, um ihnen Vorträge zu halten. Mir kam die Berufung an die Kant-Hochschule gerade recht. Die Stadt Heinrichs des Löwen, das nahe Goslar mit seiner Kaiserpfalz, der nahe Harz – was war demgegenüber denn schon »Oldenburg in Oldenburg«? Braunschweig hatte nur einen großen Nachteil für mich. Ich fand keine Wohnung, die ich ja dringend suchte, um die Meinhofschen Möbel unterzubringen und meinen »von der Konfektionsstange« geholten Kindern ein Zuhause geben zu können. Zwei Semester lang fuhr ich allwöchentlich zwischen Oldenburg und Braunschweig (über 200 km) hin und her, konnte Ulrike aber auf Dauer doch nicht meiner Wirtschaftshilfe überlassen. Wienke war qua Ausbildung untergebracht. Aber Ulrike! Die treuen »Borcherse« behielten sie zwar im Auge, aber es war doch nicht gut möglich, daß sie vier Tage in der Woche mehr oder weniger auf sich selber angewiesen war. Alle meine Versuche, in Braunschweig eine Wohnung zu finden, schlugen fehl. Nach zwei Semestern nahm ich Ulrike bei der Hand, und kurz entschlossen fuhren wir nach Wiesbaden. In meiner Tasche steckte ein Brief vom Hessischen Kultusministerium mit der Anfrage, ob ich nicht meinen Arbeits- und Wohnsitz wechseln könne. Das Kollegium des Pädagogischen Instituts in Weilburg an der Lahn suche einen Geschichtsmethodiker und habe mich vorgeschlagen. Mit Ulrike ging ich ins Ministerium: »Sie können mich haben, aber nur mit einer Wohnung für dieses Kind, seine Schwester und mich«, erklärte ich der Ministerialrätin. Ja, ich bekam sie, die großräumige »Dienstwohnung« und die Professur in der Stadt an der Lahn.

Das hieß Umzug nach Weilburg und zugleich endgültiger Abschied von Oldenburg. Ulrike war begeistert und half beim Packen. Ich war immer auf den Erhalt des Mobiliars aus ihrer elterlichen Wohnung bedacht und habe es erst später, als sie und Wienke selbständig wurden, zwischen ihnen aufgeteilt. Auf der Fahrt von Oldenburg nach Weilburg saß Ulrike vergnügt in meinem VW, sagte dann aber plötzlich sehr ernst werdend: »Weißt du, ich freue mich auf Weilburg. Dort habe ich doch noch nie eine Sünde begangen.« Ja, so war sie, die Ulrike.

Weilburg, zwischen Westerwald und Taunus gelegen und von der Lahn durchflossen, ist eine hübsche kleine Stadt im Tal, ein wahres Kleinod vergangener Zeiten. Herborn war nicht fern und weckte die Erinnerung an den großen böhmischen Pädagogen Johann Amos Comenius. Er hatte vor dem Dreißigjährigen Krieg hier studiert, als Herborn eine berühmte Universität besaß. Aber auch die große Zeit deutscher Romanik in Gestalt des nahen Limburger Doms warf ihren Schatten bis nach Weilburg. Im Nu war man in Braunfels oder fuhr schnell zur Burgruine von Runkel, deren romantische Kulisse Filmemachern oft wie gerufen kam.

Noch nie war ich den Anfängen der mittelalterlichen Reichsgeschichte so nahe gekommen wie hier. Längst bevor Weilburg eine Stadt wurde, hatte hier schon der erste deutsche König, Konrad I. (911–918), Geschichte gemacht. Auf dem Sterbebett bestimmte (»designierte«) er seinen erbittertsten Gegner, den Sachsenherzog Heinrich I. (919–936), zu seinem Nachfolger und legte damit die Grundlage für die Epoche der sogenannten »Sachsenkaiser« (919–1024).

Weilburg hat Bedeutung nicht nur für die deutsche, sondern auch für die niederländische Vergangenheit gehabt.

Im 16. Jahrhundert gehörte es zum Besitz des »Wilhelmus von Nassauen«, weshalb sich ihm zu Ehren gelegentlich holländische Autos in die kleine Stadt verirrten.

Das Pädagogische Institut, hoch über der Stadt gelegen, gehörte ursprünglich zur Universität Frankfurt, war aber nach der Zerstörung der Mainmetropole »ausquartiert« und in einer riesigen leeren Kaserne in Weilburg unterge- bracht worden. Einige ältere Kollegen hatten hier wieder Fuß gefaßt, z. B. die bekannte Kinderpsychologin Hilde- gard Hetzer, aber auch Ruth Zechlin, die Verfasserin des weitverbreiteten, hübschen »Werkbuchs für Mädchen«. Letztere war die einzige Persönlichkeit in dem von hartge- sottenen Männern dominierten Lehrkörper, der ich wegen ihrer Weltoffenheit und künstlerischen Fähigkeiten große Sympathie entgegenbringen konnte.

Die Hochschulbibliothek war nicht überwältigend, aber es gab eine gut sortierte Buchhandlung in der kleinen Stadt. Ihr Besitzer suchte gerade eine Gehilfin für sein Geschäft. Das war ein »glücklicher Zufall«. Ich empfahl ihm Eva Maria Grawe, die Tochter meiner pommerschen Freunde, mit denen ich die Judenverfolgung erlebt hatte (s. S. 56). Eva Maria war gerade auf Stellensuche, und so kamen sie und ihre Mutter bald schon nach Weilburg. Da lebten wir alle drei nun wieder am gleichen Ort, diesmal aber ohne Bedrohung durch den deutschen Antisemitis- mus, der sich zu Beginn der 50er Jahre in seine Schlupf- löcher zurückgezogen hatte. Dennoch legten Mutter und Tochter viel Wert darauf, daß niemand von ihrer jüdischen Herkunft erfuhr. So tief waren sie in der Nazizeit seelisch verwundet worden, obwohl sie damals doch als Mitglieder der Stettiner Christengemeinschaft von dieser und in Ol- denburg von »den Borchersen« beschützt worden waren. Ihr Umzug nach Weilburg war zu bewerkstelligen, aber eine Gemeinde der Christengemeinschaft konnte ich ih- nen nicht bieten. Zu klein war der Ort, zu weit abgelegen die nächste Gemeinde, als daß wir sie hätten aufsuchen können. Aber es gab ja die Zeitschrift in ihrer violetten Umhüllung, und die wurde sorgfältig gelesen. Man war damals so sehr viel bescheidener als heute, hatte durch Nazizeit und Bombennächte eine Schulung besonderer Art erfahren und ein Verständnis dafür entwickelt, daß es allein auf das Durchhaltevermögen ankommt. Daß es zwischen den Grawes und mir einen Schicksalszusammenhang geben mußte, war mir längst bewußt. In Weilburg fand ich ihn erneut bestätigt.

So positiv meine fünf Semester am Pädagogischen Institut auch verliefen und so tatkräftig ich in die Beilegung eines permanenten Streites im Kollegium mit dem hessischen Kultusministerium eingreifen konnte, ich wollte doch in Weilburg nicht alt werden. Zwar hatte ich keine klare Vorstellung, wohin ich mich begeben wollte, aber ich wußte, daß ich in absehbarer Zeit die provinzielle Enge des Pädagogischen Instituts Weilburg verlassen würde. Ich steckte nicht so tief »in der Provinz«, wie man meinen könnte. Abgesehen von meinen regelmäßigen Englandreisen kam ich auch viel in Westdeutschland herum. Ich wurde vom Ministerium in Wiesbaden des öfteren als Vertreterin Hessens zu Tagungen ausgewählter bundesdeutscher Lehrerbildner entsandt und lernte dabei interessante Zeitgenossen aus Politik und Pädagogik kennen. Mit Wolfgang Leonhard, der gerade seine kommunistische Vergangenheit in Moskau zurückgelassen und gegen eine Existenz im Westen eingetauscht hatte, habe ich mich in Tutzing einmal heftig gestritten. Daß ich mich aber von Edo Osterloh, dem CDU-Kultusminister von Schleswig-Holstein, bei einer solchen Tagung herzlich umarmen ließ, mußte alle Anwesenden verblüffen. Denn daß ich nicht gerade von der CDU-Politik angetan war, mußte ihnen allen längst bekannt sein. Sie konnten ja nicht ahnen, daß er ein angeheirateter Verwandter der Meinhof-Familie war und ich sein persönliches Schicksal aus meiner Oldenburger Zeit gut kannte. Auch ein alter, angesehener katholischer Pädagoge aus der Weimarer Republik, Professor Antz, nahm mich buchstäblich wie ein Vater in seine Arme, als er auf einer solchen Zusammenkunft meinen Namen gehört hatte. Es war wohl die gemeinsame antifaschistische Vergangenheit, die solches möglich machte.

Weilburg war aber nicht nur Lehrerbildung und Tagungen, Englandreisen und muntere Fahrten durch deutsche Lande. Weilburg hieß auch die Bekanntschaft mit einer Margarinefabrik, von deren Existenz ich nichts wußte, weil ich grundsätzlich nur Butter aß. Ganz unerwartet erschien ein Werbefachmann in Weilburg, der mich für die Herstellung eines bebilderten Geschichtsalbums gewinnen wollte. Die einzelnen Bilder sollten zum Kauf von Margarine anreizen und für ein Album gesammelt werden können. Große Weltgeschichte sollte es obendrein sein. Selten habe ich etwas so gerne und so schnell zustandegebracht, was mit der Geschichte der Welt zusammenhing. Ägypten, Griechenland und Rom, aber auch Deutschland mußte für Kinder »schmackhaft« gemacht werden, damit ihre Mütter diese Margarine kauften. Zwei Bände Geschichtserzählungen entstanden auf diese Weise in vielen, vielen Bildern und dazugehörenden Texten. Meine in England gewonnenen Kenntnisse der »history of daily life« und die ausgezeichnete britische Fachliteratur kamen mir dabei sehr zu Hilfe.

Zu Hilfe kam mir aber auch der exzellente, aus Leipzig stammende Graphiker Klaus Gelbhaar, der mit seiner charmanten Frau in Weilburg lebte und die Bilder gestalten konnte. Er war mit einem der Söhne der Darmstädter Mercks befreundet, den Besitzern des bekannten Chemieunternehmens. Ihn lernte ich bei Gelbhaars kennen, und beim Anblick seines maßgeschneiderten englischen Anzugs und seiner flotten, neumodischen Tabakspfeife plus

»British shag« ging mir der rasante Aufstieg des westdeutschen Industriekapitals auf.

Die Bekanntschaft mit dem Ehepaar Gelbhaar, die damals noch nicht im Besitz eines eigenen Autos waren, führte zu gemeinsamen »Kulturausflügen« mit Ulrike und meinem VW, so nach Luxemburg und Trier, nach Zürich und auch an den schönen Vierwaldstätter See. Durch Gelbhaars Vermittlung kam ich in Zürich mit dem Rascher-Verlag in Berührung und erhielt nach längerem Gespräch den ersten Druck des »Tibetanischen Totenbuchs« geschenkt.

Man kann also nicht sagen, daß Weilburg etwa langweilig gewesen wäre. Das konnte es auch schon deshalb nicht sein, weil ich auf einer meiner regelmäßigen Englandreisen in den Semesterferien mit englischen Freunden einmal auf der Insel Anglesey in der Irischen See (an der Nordwestküste von Wales) gewesen war und danach eine veritable Rippenfellentzündung nach Deutschland zurückbrachte. Auf Anglesey suchte ich nach irgendwelchen iroschottischen Relikten; denn Mönche aus Irland mußten auf ihrem Weg nach England doch im frühen Mittelalter auf dieser Insel gelandet sein. Nach den Iroschotten habe ich Zeit meines Lebens gesucht, und fast immer konnte ich fündig werden, wohin ich auch kam – sei es am Ammersee in Bayern, im Elsaß oder am Rande des Schwarzwalds bei Freiburg. Hat man sich einmal mit der Licht-, Luft- und Wasseratmosphäre iroschottischer Niederlassungen vertraut gemacht, kennt man ihre Geschichte, die Anlagen ihrer Gräber, die Mauerreste ihrer bescheidenen Klöster und Kirchen, dann wird man sie stets auch finden können.

Auf Anglesey entdeckte ich zwei leerstehende steinerne Sarkophage, legte mich bei großer Sommerhitze in einen von ihnen hinein, empfand seine herrliche Kühle und paßte so vollkommen in seine Form, daß man meinen konnte, er sei genau für mich gemacht. Es war ganz still in

1952 in England

der Außenwelt, aber ich hörte ein gewaltiges Rauschen in dem Sarkophag und mußte an Einweihungsvorgänge uralter Vergangenheiten denken.

Als ich die Insel verließ, erfuhr ich in Bangor, daß ich an der Stätte gewesen war, wo der iroschottische Mönch Saint Ceyriol gelebt und so viel meditiert hatte, daß die Legende von ihm erzählt, er hätte sich über große Entfernungen mit anderen Mönchen verständigen können...

Die Rippenfellentzündung, die ich von Anglesey nach Deutschland zurückbrachte, war der Preis für mein Erlebnis in Saint Ceyriols steinernem Sarg. Aber so heftig die Krankheit auch war, der Preis ist nicht zu hoch gewesen. In Weilburg erwartete mich Holde Bischoff (s. S. 99), und als der nette, aber allopathische Arzt nicht so recht weiterhelfen konnte, sprach er das Wort »Schwarzwald« aus. Etwas besseres hätte er mir nicht sagen können, denn dieses deutsche Mittelgebirge liebte ich schon seit meinen abenteuerlichen Dornach-Reisen in der Nazizeit. In Saig, auf 1000 m Höhe fanden wir einen Bauernhof, der in den nächsten Jahren zum Ziel aller Ferienaufenthalte werden sollte. Professor Dr. Müller in Titisee war der Arzt, der sich meiner annahm. Als ich sein Sprechzimmer betrat und kleine Fläschchen mit Wala-Aufklebern entdeckte, wußte ich, daß ich auf gut Glück an die richtige Adresse geraten war. Er war zwar kein anthroposophischer Arzt, aber ein weitbekannter Akupunkteur und Homöopath. Akupunktur hat er aber nie bei mir angewandt: »Sie sind doch Mitteleuropäer«, meinte er gleich bei der ersten Konsultation, und dabei blieb es. Etliche Jahre war ich in seiner Behandlung, weil er einen Leberschaden entdeckt hatte, und jedes Mal, wenn ich in den Schwarzwald fuhr, suchte ich ihn auf. Wir verstanden uns gut.

Schwere Krankheiten scheinen zeit meines Lebens Vorboten einer Lebenswende gewesen zu sein. Das zeigte sich auch bei der Rippenfellentzündung im Jahre 1955.

Noch bevor ich mich nach England und Anglesey begab, hatte es an meiner Weilburger Wohnungstür geschellt, und vor mir stand Professor Dr. Oskar Hammelsbeck, groß, breitschultrig und mächtig, aber in jenem demütigen Stolz, der nur hervorragenden Persönlichkeiten eignet. Er war gekommen, um mich zu fragen, ob ich einen Ruf nach Wuppertal annehmen würde. Das Kollegium der Hochschule habe einstimmig beschlossen, mich dem nordrhein-westfälischen Kultusministerium vorzuschlagen. Ich wußte, daß Hammelsbeck dem Kreis um Martin Niemöller und der »Bekennenden Kirche« nahestand, also zu der evangelischen Opposition im »Dritten Reich« gehört haben mußte. Das nahm mich sofort für ihn und seinen Vorschlag ein. Ich ging im Herbst nach Wuppertal und sollte dort fünf Jahre bleiben.

Im Sog des Zeitgeschehens

Zehn Jahre waren seit Kriegsende vergangen, als ich von Oskar Hammelsbeck 1955 nach Wuppertal geholt wurde. In diesem ersten Nachkriegsjahrzehnt, das für mich in Jena begonnen hatte, aber rasch über Berneck, Oldenburg, Braunschweig, Weilburg auf Wuppertal zustrebte, war außerordentlich viel geschehen, nicht nur in meinem persönlichen Leben, sondern in der großen Welt. In Jena hatte ich 1945 den deutschen Zusammenbruch erlebt, der für mich Befreiung bedeutete. In Berneck wurden mir die Folgen der Flüchtlingsströme bewußt, die von Ost nach West eingesetzt hatten. In Oldenburg wurde ich mit den Auswirkungen der Auflösung des erloschenen »Deutschen Reiches« konfrontiert: Aus den vier Besatzungszonen entstanden 1949 zwei deutsche Staaten, die »Bundesrepublik Deutschland« im Westen und die »Deutsche Demokratische Republik« im Osten. In Braunschweig und Weilburg mußte ich meine Hoffnung auf eine Welt ohne Waffen und Kriegsgeschrei begraben, und als ich mich nach Wuppertal aufmachte, standen sich die Siegermächte des Zweiten Weltkriegs in abgrundtiefer Feindschaft gegenüber. Der »Kalte Krieg« zwischen West und Ost strebte seinem Höhepunkt entgegen, die Grenze zwischen den beiden antagonistischen Weltsystemen lief mitten durch Deutschland, das Schlesien und Ostpreußen verloren hatte und erheblich verkleinert worden war.

Zwischen den Ruinen zerbombter Städte und kriegszerstörter Dörfer und Landschaften hatten die besiegten Deutschen sich eingerichtet und bienenfleißig mit dem »Wiederaufbau« begonnen. Er ging in Westdeutschland rascher vor sich als in der »SBZ« (sowjetisch besetzte

Zone), die die Hauptlast an »Reparationsleistungen« aufbringen mußte. Die Demontage verbliebener deutscher Industrieanlagen auch im Westen hatte nach dem Krieg zum völligen Niedergang der deutschen Wirtschaft geführt. Streiks und Hungerrevolten waren die Folge. An der Frage der Reparationen und an dem katastrophalen Ernährungstiefstand der deutschen Bevölkerung schieden sich die Geister der ehemaligen Kriegsverbündeten. Die Russen hatten eher als die Westmächte die Demontage für beendet erklärt (1947), waren infolge der deutschen Rückzugspolitik der »verbrannten Erde« aber am Ende des Krieges selber in größte Ernährungsschwierigkeiten geraten. Sie konnten den hungernden Deutschen in ihrer Besatzungszone nicht helfen. Die Westmächte setzten dagegen die Demontagen rigoros fort, obwohl die USA bereits im Sommer 1947 mit »Marshall-Plan«-Geldern die drei westdeutschen Zonen unterstützten. Seit 1947 zeichnete sich der Unterschied zwischen Deutschland-Ost und Deutschland-West deutlich ab, und die Spaltung der Welt in zwei Lager mit grundsätzlich verschiedenen Herrschaftsstrukturen fand ihre Entsprechung im Nachkriegsdeutschland.

Die Deutschen mußten für den von Hitler entfesselten Zweiten Weltkrieg mit der Zweiteilung ihres Staatsgebietes bezahlen. Ich entsinne mich noch, wie ich nach einem »Dritten Weg« zwischen Ost und West gesucht hatte, als das von Bismarck gegründete »Deutsche Reich« 1945 zerbrochen war. Rudolf Steiners Gedanken über die »Dreigliederung des sozialen Organismus« waren nach der Lösung aller militärischen und nationalistischen Fesseln in der »Stunde Null« zu einer einzigartigen Möglichkeit ihrer Verwirklichung gekommen. Aber solche Ideen mußten sich als Schimäre erweisen angesichts der West-Ost-Konfrontation im beginnenden »Kalten Krieg«. Man befand sich mit solchen oder ähnlichen Vorstellungen über den »Dritten Weg« in der Minderheit, zumal durch die »Währungsreform« in den drei westlichen Besatzungszonen im Sommer 1948 eine erhebliche Verbesserung der Lebensverhältnisse eingeleitet wurde. Es war dies der erste Schritt auf dem Wege der Verstaatlichung der Westzonen. Am 23. Mai 1949 wurde die Bundesrepublik konstituiert, und die Gründung der DDR erfolgte eine Woche später, am 30. des gleichen Monats. Die Westmächte sahen in dem greisen Kölner Oberbürgermeister Konrad Adenauer (1876–1967) die geeignete Persönlichkeit für die Bundesrepublik. Die UdSSR setzte auf den nach Moskau emigrierten Kommunisten Walter Ulbricht (1893–1973), der ihr für die Einbeziehung der DDR in den Ostblock ebenso geeignet erschien wie Adenauer es den USA für die Verwestlichung der Bundesrepublik gewesen ist.

Mit nur einer Stimme Mehrheit – und noch dazu seiner eigenen – ließ sich Adenauer vom Parlament zum Bundeskanzler wählen. Das konnte bei mir nur ein mitleidig-verächtliches Lächeln auslösen. Ich glaubte an eine Korrektur des Wahlergebnisses bei den nächsten Wahlen 1953. Das war ein schwerer Irrtum. Ich hatte den Machtinstinkt des alten Herrn unterschätzt und wußte auch noch nichts von der formidablen Unterstützung seiner Politik durch den Vatikan. Die innenpolitische Entwicklung in der Bundesrepublik ließ mich zunächst ziemlich kalt. Zu oft fuhr ich in den nächsten Jahren nach England und hatte dort das Wesen der Demokratie in dem Wechsel mehrheitlich gewählter Regierungen zu verstehen gelernt. Es hatte mich ungeheuer beeindruckt, daß die Engländer ihren erfolgreichen Kriegspremier, den konservativen Churchill, 1945 abgewählt und durch den Labour-Abgeordneten Attlee ersetzt hatten. Sollte ein ähnlicher Machtwechsel in der Bundesrepublik nicht auch bald möglich sein? Aber Deutschland war nicht England, wie ich lernen sollte. Die weltpolitischen Geschehnisse interessierten mich zudem immer sehr viel mehr als die Vorgänge in der Bundesrepublik.

Mit der Lehrerfamilie Rauchhaus 1955 in Weilburg

Die beiden Weltmächte USA und UdSSR waren in einen Rüstungswettlauf ohnegleichen eingetreten. Immer mehr und immer schlagkräftigere Waffen wurden in beiden Lagern produziert und angehäuft. Immer bedrohlicher zog das Gespenst eines neuen, des dritten Weltkriegs herauf. Schon 1950, nur fünf Jahre nach Kriegsende, konnte man bei uns den leichtfertigen Vers trällern hören: »Ei, ei, ei, Korea – der Krieg rückt immer näher...« In Südostasien hatte sich nämlich Rotchina in den Konflikt um die Aufteilung Koreas in eine kommunistische und eine kapitalistische Einflußsphäre eingemischt. Dank der Vermittlung des indischen Ministerpräsidenten Nehru kam es 1951 zu einem Waffenstillstand, dem die Weltgiganten USA und UdSSR zustimmten. Korea blieb zweigeteilt wie Deutschland. Durch den Koreakrieg aber war erkennbar geworden, daß die beiden Weltmächte sich gegenseitig in Schach hielten. In diesem Schach aber lauerte ein furchterregendes Gespenst: die Gefahr eines Atomkrieges.

Dieser Gefahr wurden die Deutschen sich nur langsam bewußt. Sie waren diesseits und jenseits der Elbe viel zu sehr mit dem Wiederaufbau beschäftigt, als daß sie begriffen hätten, was eigentlich geschehen war, als die USA am 6. und 8. August 1945 auf Hiroshima und Nagasaki ihre ersten beiden Atombomben abwerfen ließen. Alle bisherigen Strategien waren hinfällig geworden. Selbst die Materialschlachten der beiden Weltkriege unseres Jahrhunderts verblaßten gegenüber der Tatsache, daß durch eine einzige Bombe das Leben einer Großstadt blitzartig vernichtet werden und Menschen wie Häuser sich in Nichts auflösen konnten, abgesehen von der radioaktiven Verseuchung der Überlebenden. Mit dem 6. August 1945 hatte ein neues, das atomare Zeitalter begonnen.

Die Menschen im zweigeteilten Deutschland konnten bei ihrem Kampf ums nackte Überleben das epochemachende Ereignis des Abwurfs der ersten beiden Atombomben gar nicht wirklich begreifen. Sie begriffen aber die Zweiteilung der Welt in Ost und West, die sich seit 1947 abgezeichnet hatte. Und sie ergriffen Partei.

Mit der Spaltung Deutschlands wollte man sich zwar nicht abfinden, aber man genoß in der Bundesrepublik die Vorteile der Bindung Bonns an die Westmächte, so daß kritische Zeitgenossen vom »Tanz um das goldene Kalb« zu reden begannen. Ich hörte dies erstmals, als ich in der hessischen Lehrerbildung tätig geworden war. In Weilburg war es dann auch, daß ich im Wahlkampf 1953 zwei junge Leute beobachtete, wie sie ein kleines Wahlplakat der GVP (Gesamtdeutsche Volkspartei) an eine Hauswand klebten. Das gab es also doch, und sogar im politisch verschlafenen Weilburg!

Die GVP war von dem Essener Rechtsanwalt Dr. Gustav Heinemann in Zusammenarbeit mit Joseph Wirth, dem Zentrumspolitiker und Reichskanzler aus der Weimarer Zeit, gegründet worden, um der Spaltung Deutschlands entgegenzuwirken. Heinemann, der später der SPD beitrat und 1969 Bundespräsident werden sollte, war eine in evangelischen Kirchenkreisen wohlbekannte Persönlichkeit. Von Wirth wußte ich, daß er 1922 den »Rapallovertrag« mit der Sowjetunion geschlossen und Deutschland in der Reparationsfrage eine bessere Position gegenüber den Westalliierten verschafft hatte. Was die GVP wollte, entsprach meinen eigenen Vorstellungen von einer Politik für das gesamte Deutschland. Mir imponierte es auch, daß Heinemann, der 1945 der CDU beitrat und 1949 Innenminister im ersten Kabinett Adenauer geworden war, 1952 Partei und Amt verließ, als der Kanzler seinen Ministern Andeutungen über eine Wiederbewaffnung Westdeutschlands gemacht hatte. Obwohl die GVP mir sehr sympathisch war, habe ich sie doch nicht gewählt. Die Sozialdemokraten, die sich 1953 im Bundestag noch gegen die Wiederbewaffnung aussprachen, schienen mir aufgrund ihrer jahrzehntelangen parlamentarischen Erfahrung während der Wilhelminischen und Weimarer Zeit geeigneter für den Kampf gegen die Adenauer-Politik zu sein. Ich wählte trotz meiner Sympathien für Heinemann und Wirth die SPD.

Meine Kollegen am Pädagogischen Institut Weilburg waren politisch sehr zurückhaltend. Es gab keinerlei parteipolitische Reibungspunkte. Ich wußte nicht einmal, welcher Partei die einzelnen Kollegen angehörten. Das interessierte mich auch nicht. Man lebte nebeneinander her, und die vielen innen- und außenpolitischen Ereignisse, die in meine Weilburger Zeit fielen, kamen in den offiziellen Konferenzen nie zur Sprache. Sie wurden höchstens bei gelegentlichen privaten Gesprächen mit einzelnen Kollegen erörtert.

Um nicht ganz außerhalb der »großen Welt« leben zu müssen, schaffte ich mir 1952 einen Fernsehapparat an, eines jener Ungetüme, die heute im Museum stehen. Ich wollte nämlich die Krönung der britischen Königin Elisabeth II. miterleben, um feststellen zu können, ob die Engländer noch immer an dem mittelalterlichen Ordo festhielten. Sie taten es! Die Übertragung aus England funktionierte noch sehr schlecht. Aber ich war froh, daß ich mir »die Glotze« geleistet hatte, läßt sie mich doch bis heute die Gesichter von Politikern studieren, die am Weltgeschehen direkt beteiligt waren und sind. Man kann an ihren Gesichtszügen oft erkennen, ob die Konferenz wirklich so gut verlaufen ist, wie es in den Nachrichten hieß.

Viel ereignete sich in den darauffolgenden Jahren. Zu den aufregenden Geschehnissen während meiner Weilburger Zeit gehörten beispielsweise die amerikaseits geplante Aufnahme der Bundesrepublik in die europäischen Gemeinschaften 1952, der Tod Stalins und der Volksaufstand in der DDR 1953, die Berliner Konferenz der Siegermächte mit dem sowjetischen Vorschlag einer bewaffneten Neutralität des wiedervereinten Gesamtdeutschland und seine sofortige Ablehnung durch Adenauer Anfang 1954, der Abschluß der Pariser Verträge, ebenfalls 1954, und schließlich die Billigung dieser Verträge durch den Bundestag gegen den heftigen Widerspruch der SPD am 15./16. Dezember 1954. Die von Adenauer favorisierte Europäische Verteidigungsgemeinschaft (EVG) war schon im August 1954 an der Ablehnung durch die französische Nationalversammlung gescheitert, und so hatten die Briten in Absprache mit den USA den Beitritt der Bundesrepublik zur NATO als Alternative zur EVG vorgeschlagen. Wiederbewaffnung der westlichen Hälfte des geteilten Deutschlands? Die Wogen in der Bundesrepublik schlugen hoch.

Hatten die Siegermächte im »Potsdamer Abkommen« von 1945 nicht die »Entmilitarisierung« der Deutschen auf ihr Programm gesetzt? Und nun sollten sie wieder Uniformen anziehen und im Gleichschritt marschieren? Es entstand die erste große Volksbewegung in der Bundesrepublik. Mit »Ohne mich«-Transparenten zogen Massen von ehemaligen Soldaten und Kriegsgegnern durch die Straßen der großen Städte. In der Frankfurter Paulskirche wurde am 29. Januar 1955 von einer tausendköpfigen Versammlung ein »Deutsches Manifest« angenommen, das zum Widerstand gegen die Adenauer-Politik aufrief und an Regierung und Bundestag appellierte, der Wiedervereinigung den Vorrang vor der militärischen Blockbildung zu geben.

An der »Ohne mich«-Bewegung und der Paulskirchenversammlung habe ich nicht teilgenommen. Ich saß in Weilburg, und Weilburg war halt nur ein verschlafenes kleines Städtchen. Ich freute mich aber über den wachsenden Widerstand in den großen Städten, an dem abzulesen war, daß es doch viele Deutsche gab, die nicht nur um das »goldene Kalb« des Wirtschaftswunders herumtanzten.

Doch auch sie waren nicht in der Lage, aus ihrer »Ohne mich«-Haltung Konsequenzen zu ziehen. Eine unbewaffnete Bundesrepublik hätte es den Österreichern gleichtun müssen. Auch Österreich war 1945 in vier Besatzungszonen aufgeteilt worden. Sein christdemokratischer Ministerpräsident Raab und der sozialistische Außenminister Kreisky brachten 1955 nach zähen Verhandlungen aber fertig, was bundesdeutsche Politiker versäumt hatten. Sie schlossen im Mai 1955 einen »Staatsvertrag« mit der Sowjetunion, nachdem sie zuvor mit den drei westlichen Besatzungsmächten Österreichs verhandelt hatten. Von diesen und den Russen erreichten sie den Abzug aller Besatzungstruppen und den Abschluß eines Friedensvertrags auf der Basis von Vorschlägen, die von der Sowjetunion übrigens schon 1952 den Bonnern für einen solchen Vertrag mit Gesamtdeutschland unterbreitet worden waren. Österreich wurde frei von allen vier Besatzungsmächten, es mußte sich aber zur »immerwährenden Neutralität« nach dem Muster der Schweiz verpflichten, also bei der Aufstellung einer kleinen Verteidigungsarmee (100000 Mann) von jeder Eingliederung in einen Militärblock absehen.

»Tu felix Austria«, du glückliches Österreich, dachte ich, als ich 1955 den Text des Staatsvertrages mit der UdSSR las. Man war ziemlich allein mit einer solchen Meinung, und es gab in Weilburg kaum jemanden, der sie mit mir geteilt hätte.

Ob österreichischer Staatsvertrag, deutsche Wiederbewaffnung, Wirtschaftswundermentalität oder Atombombe, ich empfand mich als Zeugin in dem umwälzenden Weltprozeß, an dem ich teilzunehmen hatte. Zeitzeugenschaft bedeutet aber oft auch Einsamkeit, sobald man ein sensibles Geschichtsbewußtsein entwickelt hat und also die unmittelbare Gegenwart nur als vorübergehenden Augenblick im Strom der Zeit empfindet. Ich spürte immer das Bedürfnis in mir, anderen Menschen, Erwachsenen wie Kindern, mitzuteilen, was man bewußt erleben konnte. Und so habe ich, was von 1945 bis 1955, also in der ersten Nachkriegsdekade geschah, in einer kleinen (inzwischen vergriffenen) Schrift zusammengetragen und veröffentlicht: *Zeitenwende – Europa und die Welt seit 1945* (Oldenburg 1957). Diese kleine Arbeit, die vom Stalling-Verlag angeregt wurde, halte ich für das beste, was mir an historischen Texten gelungen ist. Noch heute kann sie mir dienen, wenn ich Gegenwartsereignisse in ihren historischen Wurzeln erkennen möchte. Wenn ich den Zustand beschreiben soll, in dem ich mich beim Schreiben der *Zeitenwende* befand, kann ich das nur tun, indem ich an ein Mantram Rudolf Steiners erinnere:

Des Geistes Sphäre ist der Seele Heimat,
Und der Mensch gelangt dahin,
Geht er den Weg des wahren Denkens,
Wählt er des Herzens Liebekraft
Zum starken Führer sich,
Und öffnet er den innern Seelensinn
Der Schrift, die überall
Im Weltensinn sich offenbaret,
Die er stets finden kann
Als Geistverkündigung
In allem, was da lebt und lebend wirkt,
In allen Dingen auch,
Die leblos sich im Raume breiten,
In allem was geschieht,
Im Werdestrom der Zeit.

Mir war bewußt, daß der »Werdestrom der Zeit« selbstverständlich nicht zu erfassen ist, wenn nur die äußeren Geschehnisse des ersten Nachkriegsjahrzehnts zusammengetragen werden. Aber ich wollte mit der *Zeitenwende* doch wenigstens einen kleinen Beitrag zur Urteilsbildung im geteilten Deutschland leisten. Möglichst anspruchslos, nüchtern und sachlich sollten nur die Fakten des äußeren Geschehens zusammengestellt werden, damit diese für sich selber sprechen können. Das entsprach auch der Methode meiner Lehrtätigkeit an den verschiedenen Hochschulen. Ich erstrebte immer die persönliche Urteilsbildung meiner Hörer und Hörerinnen und begrüßte jeden Widerspruch, aus dem sich das Gespräch entwickeln konnte.

Die Geschehnisse in der ersten Nachkriegsdekade haben mich sehr bewegt. Aber ich sah mich nicht veranlaßt, aktiv daran teilzunehmen, das heißt, ich engagierte mich nicht für eine politische Organisation oder in einer der großen Bewegungen, die damals abliefen. Meine Aufgabe sah ich ausschließlich in der Lehrerbildung, weil mir das Erziehungswesen nach wie vor als Grundlage jeglicher Zukunftsgestaltung erschien und die Lehrer dabei eine große Rolle zu spielen haben. Waldorfschulen waren im Entstehen begriffen, und bald schon hatte ich eine Entscheidung zu treffen.

Plötzlich tauchte »mein Schloß« wieder auf, Helene Grünschloß (s. S. 45), jene Greifenberger Lehrerin, der ich mehr als allen Universitätsprofessoren die Liebe zur mittelalterlichen Geschichte zu danken habe. Sie war in Heidenheim an der Brenz am Aufbau einer Waldorfschule beteiligt, die von dem Industriellen Hanns Voith ins Leben gerufen worden war. Von »Schloß« wurde ich nun gefragt, ob ich mich nicht mit der Waldorfpädagogik verbinden und als Fachlehrerin für Geschichte und Deutsch in der Oberstufe der Heidenheimer Schule tätig werden wolle. Auch Irmgard Hürsch (s. S. 51 f.), die Jugendfreundin aus Stettin, die als Waldorflehrerin in Hamburg gelandet war, richtete an mich die gleiche Frage. Es wäre für beide Schulen ja nicht schlecht gewesen, eine veritable Geschichtsprofessorin ins Kollegium zu bekommen, die obendrein nichts von akademischen Würden und staatlichen Examen hielt. Und wahrscheinlich hätten die Schüler ihren Unterricht gerne angenommen und mich akzeptiert, weil ich so gar nichts vom verstaubten Professorentum an mir hatte. Die Anfragen aus Heidenheim und Hamburg waren eine große Versuchung für mich. Ich entschloß mich jedoch, in der Lehrerbildung zu bleiben, so gerne ich auch als Lehrkraft in eine Rudolf Steiner-Schule gegangen wäre. Denn die Studenten, die zu Lehrern zu bilden ich mir vorgenommen hatte, sollten Erzieher der untersten Volksschichten werden, die mir so sehr am Herzen lagen. Meine Entscheidung für die Lehrerbildung war eine soziale und zugleich politische Entscheidung. Ich bereue sie nicht. Doch ich mag nicht daran denken, wie anders mein Leben verlaufen wäre, hätte ich mich für die Waldorfschule entschieden.

Vielleicht habe ich mir Illusionen über die Bedeutung der Volksschullehrer für die Erziehung des Volkes gemacht. Aber nach der Nazizeit sah ich es als vordringliche Aufgabe an, die Folgen der NS-Ideologie zu überwinden, und wer wäre geeigneter dafür gewesen als die Volksschullehrer? Um ihnen dabei Hilfestellung geben zu können, dachte ich über geeignete Mittel nach.

Schon in meiner Oldenburger Zeit hatte ich unter dem Titel *Geschichte im Überblick* (Oldenburg 1951 ff.) vier Bände herausgegeben, die eine knappe Darstellung der wichtigsten historischen Vorgänge in Europa enthielten. Bekannte Universitätsprofessoren wie Wilhelm Mommsen, Fritz Fischer, Schottelius, Rhode und Franz konnte ich für diese Idee gewinnen. Ich selber behielt mir – wie konnte es anders sein – »Das mittelalterliche Reich« vor. Die Bände waren als Orientierungshilfe für Lehrer gemeint, die in der NS-Diktatur ja nur ideologisch eingefärbte Literatur kennengelernt hatten und nun mit einer objektiveren Geschichtswissenschaft bekannt werden sollten. Sie mußten umdenken lernen. Es fehlte in den Schulen aber auch an Anschauungsmitteln, und amtliche Lehrpläne kamen nur zögernd heraus. Gleich nach Wiederzulassung des Geschichtsunterrichts durch die Besatzungsbehörden stellte ich deshalb den *Kleinen Geschichtsatlas – Spiegel der Geschichte in Karten und Bildern* (Oldenburg 1950) her, für dessen Illustrationen ich den Graphiker C. W. Rauh heranziehen konnte. Mehrfarbendruck wäre damals viel zu teuer gewesen. Er erschien in Schwarz/Weiß. Der *Kleine Geschichtsatlas* war nun genau das, was damals den Schulen fehlte. Im Handumdrehen waren 124 Tausend Exemplare verkauft, obwohl es noch so gut wie keine Verlagswerbung gab. Auch kleine kulturgeschichtliche Hefte (»Zebra«-Hefte) für Kinder gab ich heraus, die in den Schulen viel Verbreitung fanden. Mein Name war in dem ersten Nachkriegsjahrzehnt bei der westdeutschen Lehrerschaft deshalb schon recht bekannt, als Hammelsbeck mich nach Wuppertal holte.

Zu den zeitgeschichtlichen Ereignissen, wie sie eingangs erwähnt wurden, habe ich mich im Augenblick ihres Geschehens öffentlich nie geäußert, weder in Zeitschriftenaufsätzen noch in Vorträgen und erst recht nicht in meinen Vorlesungen. Ich hielt mich an solche Themen, wie sie in den vier kleinen Bänden *Geschichte im Überblick* behandelt worden sind. Aber weil Geschichte für mich nie bloßes Buchwissen, sondern gelebte Vergangenheit war und ist, haben die Studenten in Oldenburg, Braunschweig, Weilburg und Wuppertal die dürren Worte eines gedruckten Textes höchstens zum Nachschlagen benutzt. In den Vorlesungen bekamen die Hörer selbstverständlich geschichtswissenschaftliche Grundlagen vermittelt. Aber im »warmen Licht der Vergangenheit« (Huizinga) wurden Begriffe zu Bildern. Statt »Kaiserkrönung Karls d. Gr.« sahen sie fränkische Reiterheere über die Alpen nach Rom ziehen und einen König, der im Petersdom kniend ungewollt die Kaiserkrone vom Papst aufgesetzt bekam. Und statt »Französische Revolution« und Guillotine lernten sie das »Ça ira« kennen und deuten. Auch hörten sie Philipp Scheidemann in Berlin die deutsche Republik ausrufen, wenn sie an das Ende des Ersten Weltkriegs dachten.

An den Pädagogischen Hochschulen waren die meisten Vorlesungen Pflichtveranstaltungen für die Studenten, aber sie konnten ihren persönlichen Neigungen in einem sogenannten »Wahlfach« (Geographie, Mathematik, Chemie, Biologie, Staatsbürgerkunde, Deutsch, Religion, Geschichte usw.) fakultativ nachgehen. Der preußische Kultusminister Becker (von Haus aus ein Orientalist!) hatte 1925 die alten Lehrerseminare abgeschafft und durch »Pädagogische Akademien« ersetzt, die nur nach bestandenem Abitur besucht werden konnten. Das »Wahlfach« war der Kern der Beckerschen Hochschulbildung, denn da wurden universitäre Maßstäbe gesetzt. Kein Wunder, daß die Nazis die Ausbildung von Lehrern wieder auf das Niveau von »Präparanden-Anstalten« zurückgestuft und von Hochschulen nichts hatten wissen wollen. Nach 1945 wurde wieder an die Beckerschen Vorstellungen angeknüpft.

Das »Wahlfach Geschichte« erschien mir als sehr gute Einrichtung, und es war mir wie auf den Leib zugeschnitten. Über mangelndes Interesse der Studenten an diesem Wahlfach war nicht zu klagen – im Gegenteil, es wurde zahlreich besucht. Da ich mit den Studenten in jedem Semester Exkursionen zu kunst- und kulturgeschichtlichen Stätten unternahm, lernte ich viele einzelne von ihnen näher kennen. Es war wie in den »guten alten Zeiten«, wo die Studiker noch in persönlichem Kontakt zu ihren Professoren standen. Das muß sich herumgesprochen haben. Denn als in Wuppertal auf ministerielle Anordnung erstmals die Wahl eines »Vertrauensdozenten« durch die gesamte Studentenschaft erfolgte, wurde ich einstimmig gewählt. Ich war eitel genug, um mich darüber zu freuen. Aber ich wußte zugleich, welche Lasten mit einem solchen Vertrauensbeweis verbunden sein können. Für manche Studenten war diese Einrichtung beinahe eine Art Ersatz für den Besuch eines Psychiaters. Die meisten von ihnen aber hatten finanzielle Schwierigkeiten oder Sorgen mit ihrer Ausbildung. Nolens volens bekam ich dabei Einblicke in die Arbeitsweise meiner Kollegen, möchte rückblickend aber betonen, daß ich mir ein besseres Kollegium gar nicht vorstellen kann. Wenn es menschliche Schwierigkeiten zwischen ihnen und den Studenten gab, konnte die »Vertrauensdozentin« sie immer beilegen.

Das Wuppertaler Hochschulkollegium in sich war ein Musterbeispiel der Kollegialität. Selbstverständlich gab es auch hier die üblichen Querelen, die sich bei jeder Zusammenarbeit ergeben. Doch war man im Grundsätzlichen zur Verständigung bereit und ließ einander gelten. Das mag daran gelegen haben, daß die Dozenten samt und sonders eine »reine Weste« hatten, was ihre politische Vergangenheit betraf. Die meisten von ihnen hatten im »Kirchenkampf« gegen Hitler ihre Erfahrungen gesammelt und befanden sich allein schon durch diese Tatsache in erfreulicher Übereinstimmung. In Nordrhein-Westfalen waren leider konfessionell gebundene Schulen und Lehrerhochschulen eingeführt worden, und Wuppertal war eine evangelische Lehrerbildungsstätte. Das besagte zunächst nicht viel über ihre Homogenität. Aber das Wuppertaler Hochschulkollegium befand sich nicht nur auf hohem wissenschaftlichen Niveau, es war auch stark vom Geist des reformierten schweizerischen Theologen Karl Barth (1886 – 1962) geprägt, mußte also ebenso weltoffen wie selbstkritisch sein.

Die Hochschule lag im Wuppertaler Ortsteil Barmen. »Barmen« aber ist ein Begriff in der protestantischen Theo-

149

logie. In Barmen hatte 1934 die sogenannte »Bekenntnissynode« stattgefunden, bei der Karl Barth zwar nicht persönlich anwesend war, die aber ganz von seiner Theologie durchtränkt gewesen ist. »Barmen« hieß, daß die Ansprüche des nationalsozialistischen Staates auf die evangelischen Kirchen zurückgewiesen worden sind. Seither gab es »Bekenntnispfarrer« und »Bruderschaften« in ganz Deutschland, die sich auch nach der Niederringung der NS-Diktatur ihre grundsätzlich kritische Haltung dem Staat gegenüber erhalten hatten.

Ich wußte also, wohin ich mich begab, als ich 1955 die Berufung nach Wuppertal annahm. Ich hoffte, daß an der dortigen Hochschule noch etwas vom Geiste der »Barmer Erklärung« lebendig geblieben war, und ich wurde nicht enttäuscht. Kontroverse politische Gespräche brauchten im Wuppertaler Kollegium nicht geführt zu werden. Man war einer Meinung.

Was mir an den Kollegen aber besonders gefiel, war ihre Toleranz gegenüber den politischen Meinungen innerhalb der Studentenschaft. Man ließ – um mit dem »alten Fritz« zu reden – »jeden nach seiner Façon selig« werden. Parteipolitische Vereinigungen (RCDS, Jusos oder Jungliberale) innerhalb der Wuppertaler Studentenschaft gab es zu meiner Zeit nicht, wenngleich die Studenten keineswegs apolitisch waren. Das haben sie später sogar unter Beweis gestellt, als sie im Sommersemester 1960 den ersten »Sitzstreik« in der Geschichte der Bundesrepublik machten und vom Kultusministerium für mich das Recht auf freie Meinungsäußerung forderten (s.S. 181f.). Zu politischen Auseinandersetzungen innerhalb der Studentenschaft ist es meines Wissens nie gekommen, und politische Gespräche mit den Studenten wurden in meinem Dozentenzimmer nicht geführt. Allerdings machte damals ein agiler junger Wuppertaler eine Ausnahme: Johannes Rau. Der spätere Ministerpräsident von Nordrhein-Westfalen war als Adlatus von Gustav Heinemann nach Auflösung der GVP in die SPD übergewechselt, hatte einen kleinen christlichen Verlag gegründet und ließ sich häufig im Umkreis der Pädagogischen Hochschule blicken. Er suchte Kontakt zu Studenten und Dozenten und also auch zu mir. In der Beurteilung des Zeitgeschehens waren wir uns ziemlich einig. Ich hätte aber nie gedacht, daß dieser, aus sehr frommem Elternhaus stammende junge Mann einer steilen politischen Karriere entgegensehen würde.

Wuppertaler Lebenswende

Der Name Wuppertal hatte einen guten Klang in meinen Ohren. Hier hatten die Lehrer der Waldorfschule Ulrike Meinhof aufgenommen, als ich die Gastdozentur in England antrat, hier besaß ich schon Freunde und Bekannte, bevor ich ahnen konnte, daß ich mich einmal in dieser Stadt niederlassen würde; hier hatte ich in einem kirchlichen Gemeindesaal einen Vortrag über Rudolf Steiner gehalten, und hier durfte ich im Wohnzimmer eines reichen Fabrikantenehepaars das Original eines weltberühmten Franz Marc-Bildes an der Wand hängen sehen. Ein guter Anfang für die neue Etappe auf meinem Lebensweg schien mir gewiß zu sein. Ich stand in meinem 35. Lebensjahr.

Die Stadt an der Wupper mit ihrer Schwebebahn über dem Fluß und ihrem sympathischen Menschenschlag nahm mich freundlich auf. Ich brachte ihr allerdings auch große Zuneigung entgegen, denn hier fand ich wieder, was mich in England so fasziniert hatte: Industrie inmitten einer schönen Landschaft. Es fiel mir nicht schwer, das beschauliche Weilburg mit seiner großen historischen Vergangenheit zurückzulassen.

Elberfeld (rheinisch orientiert) und Barmen (ganz westfälisch) waren 1929 zu einer Großstadt zusammengefügt worden. Ihre Bewohner zeigten aber noch immer spürbare Unterschiede in ihrer Lebensart. In Elberfeld fand ich hoch über der Stadt »am Wasserturm« eine Neubauwohnung. In Barmen lag die Pädagogische Hochschule. Um zu meiner Arbeitsstätte zu kommen, mußte ich täglich durch ein kleines Waldgebiet fahren, den »Vogelsang«. Schwärme von Zugvögeln machten auf ihrer Reise vom hohen Norden nach Afrika oder umgekehrt dort Rast. Ich war auf eine industrielle Umgebung eingestellt, und nun durfte ich ein Naturgeheimnis erleben, wie es überraschender nicht sein konnte.

Nicht ganz so überrascht, aber doch immer wieder erstaunt war ich über die liebenswerten Eigenschaften der Menschen im Wuppertal. Durch Holde Bischoff, die mich an den neuen Wohnort begleitete, lernte ich gleich eine echte Wuppertalerin kennen: Emmi Drösser. Mit ihrer Freundin Trudel Herzog machte sie Lohelandgymnastik, auch mit den Arbeiterinnen bei Vorwerck, einem der großen Wuppertaler Betriebe. »Die Emmi« war handfest, humorvoll, außerordentlich beweglich und herzhaft frisch, und selbstverständlich waren die beiden »Loheländerinnen« Mitglieder der Anthroposophischen Gesellschaft. Sie verübelten es mir nicht, daß ich damals der Gesellschaft aus den schon genannten Gründen (s. S. 104) fernblieb. Die »Loheländerinnen« gaben mir viele gute Hinweise für Fahrten durch das Oberbergische Land, von dem Wuppertal umgeben ist. Denn wie bei jedem Ortswechsel mußte ich doch die neue Umgebung erst einmal gründlich erkunden.

In den schindelgedeckten Landgasthäusern rund um Wuppertal lernte ich Land und Leute kennen, ein »Bütterken« essen und einen Kaffee schlürfen, wie er miserabler nicht sein konnte. Aber er wurde von Menschen serviert, denen bei aller Herbheit und Schwere schnell auch der Schalk aus den Augen blitzen konnte: »Woll?« Diese Menschen, eine Mischung von preußischer Wohlanständigkeit und rheinischem Frohsinn, mußte man einfach gerne haben, wenn man unter ihnen lebte. Sie sagten nicht wie die nassauischen Weilburger »aisch«, wenn sie »ich« meinten. Ihr nordwestdeutsches »ick« klang zwar anders als das in Pommern oder Berlin gesprochene, es ging mir aber ebenso leicht von der Zunge wie ihr »wat« und »dat«.

Von der herrlichen Natur und auffallenden Geschichtsträchtigkeit Weilburgs war ich nun in eine der ältesten Industriestädte Deutschlands gekommen. Denn wie in England so ist auch bei uns die Textilindustrie der Ausgangspunkt großstädtischer Entwicklung gewesen. Ich war froh, daß ich mich in England nicht nur an »beautiful cathedrals« und »handsome old towns« erfreut hatte, sondern im Shenstone College nahe bei Birmingham auch über den Beginn der »industrial revolution« nachzudenken begann. In England war mir aufgegangen, wie durch das mechanische Spinnen und Weben eine Verlagerung der Heimarbeit in die Fabriken erfolgte und das Problem der Industriearbeiterschaft entstand. »Ausbeutung des Menschen durch den Menschen«, hatte Karl Marx den Kapitalismus genannt. Wie es modernen Fabrikarbeitern ergeht, wollte ich hautnah nachempfinden können und bat deshalb meine englischen Kollegen, mich neben der Dozentur auch Unterricht für Arbeiterkinder erteilen zu lassen (s. S. 118). Es waren nicht mehr die Kinder, deren Elend von Friedrich Engels beschrieben worden ist (»Die Lage der arbeitenden Klassen in England«, 1845), aber selbst noch 1951 erging es ihnen elend genug. Manchmal zeigten sie mir die jämmerlichen Wohnungen, in denen sie lebten, und ich suchte das Gespräch mit ihren Müttern. Daß mir selbst bei den Ärmsten der Armen »a cup of tea« angeboten wurde, werde ich nicht so leicht vergessen. Und nun sollte ich in Barmen, dem Geburtsort von Friedrich Engels (1820–1895), meine Arbeit in der Lehrerbildung fortsetzen. Ob er in Wuppertal Spuren hinterlassen hatte? Friedrich Engels und Karl Barth – meine Interessen waren breit gespannt.

Die Rippenfellentzündung, die ich mir in Saint Ceyriols steinernem Sarg auf Anglesey geholt und nach Deutschland mitgebracht hatte, war noch nicht ganz ausgeheilt, als ich in Wuppertal anfing. Der behandelnde Arzt, Professor

Dr. med. Müller in Titisee, hatte mir »frische Luft« und viel »Laufen« verordnet. Mich kennend riet er mir, einen Hund anzuschaffen, damit ich auch wirklich liefe. Es gehört zu dem guten Anfang in Wuppertal, daß ich sogleich und ohne Mühe in den Besitz eines »Köters« kam. Eine Studentin brachte mich zu ihrer Tante, wo gerade ein Wurf von winzig kleinen »Brikettkötern« (Scotch Terriers) zu bewundern war. Einen von ihnen nahm ich mir mit, nannte ihn angedenk der Künstlerfreundschaft Franz Marcs mit Else Lasker-Schüler »Jussuff« und bin seinetwegen tatsächlich viel gelaufen. Wie der Dackel »Männe« aus meiner Breslauer Kinderzeit hat mir auch der Scotty treue Wächterdienste erwiesen. Er fing immer an leise zu knurren, wenn mich jemand besuchte, der mir insgeheim nicht ganz wohlwollte. Außerdem war Jussuff genau wie Männe ein musikliebender Hund, was sehr wichtig war, da ich mir aus lauter Liebe zu Mozart ein Spinett zugelegt hatte. Ich las Konrad Lorenz' »Wie der Mensch auf den Hund kam«, arbeitete mich in die Kabbala ein, musizierte gern, beschäftigte mich mit Engels und dem Marxismus, aber alles »mit die Ruhe nach die Reihe«, wie die Wuppertalerin Emmi augenzwinkernd zu sagen pflegte.

Wann immer ich konnte, fuhr ich durchs Land, erhielt allerdings auch viele Einladungen zu Vorträgen vor Lehrerverbänden in anderen Städten, wodurch meine Kenntnis der Umgebung sich schnell vertiefte. Ich sah und lernte bei meinen Fahrten: Das Land an der Wupper ist karg an Bodenschätzen, aber reich an Wasserläufen, und so wurde die Wupper mit ihren vielen Seitenbächen zur Lebensader der ganzen Region. Mit der »Bleicherei« von Garnen hatten die Menschen am Ende des Mittelalters begonnen, der Ungunst des Bodens zu trotzen. Die Färberei von Stoffen kam später hinzu. Garnherstellung und Garnhandel aber blieben lange Zeit die wichtigsten Erwerbsquellen des Wuppertals. Im Laufe des 19. Jahrhunderts war nach dem

Kauf des ersten mechanischen Webstuhls aus England die Textilindustrie ins Land geholt worden, und alles, was sich Negatives über diese Periode des Kapitalismus und der Industrialisierung sagen läßt, trifft auf die Dörfer und Städte im Tal der Wupper zu. Sehr bald schon fand ich im »Uellendahl« von Barmen alles wieder, was mich an der britischen Industriegeschichte fasziniert hatte. Hier standen noch einige der alten Häuser, in denen Menschen durch armselige Heimarbeit ihr karges Dasein gefristet hatten. Im »Uellendahl« findet sich die älteste Industriestraße Deutschlands. Das zog mich sehr an, und so ließ ich mir eine Klasse in der Uellendahler Schule zuweisen, in der ich eine Gruppe von Studenten einmal pro Woche in ihr »Stadtschulpraktikum« führen konnte. Die Kinder dieser Klasse hatten eine famose Lehrerin: Fräulein Wülfers. Ihr ging leider der Ruf voraus, wenig Sinn für moderne Reformpädagogik zu haben und ganz und gar »alte« Schule zu sein. Sie gehörte deshalb zu den Lehrkräften, die von der Pädagogischen Hochschule für die Studentenpraktika nur als »bedingt geeignet« zugelassen waren.

Weil ich das Uellendahl und seine Menschen kennenlernen wollte, suchte ich Fräulein Wülfers auf, nahm an ihrem Unterricht teil und entdeckte eine hervorragende Lehrerpersönlichkeit. Reformpädagogik war wirklich nicht ihr Stil. Sie besaß aber etwas, was mehr war als alle reformpädagogischen Versuche. Sie hatte ein pädagogisches Herz. Die Kinder in ihrer Klasse mußten sich »disziplinierter« verhalten, als es bei Reformpädagogen üblich ist. Sie saßen in Zweierbänken und reckten ihre Finger hoch, wenn sie eine Antwort wußten. Aber sie konnten herrlich erzählen, wenn sie nur dazu aufgefordert wurden. Diese Kinder waren einfallsreich, wissenslustig, handgeschickt und unbefangen. Wenn ich mir eine Freude machen wollte, gab ich ihnen eine Geschichtsstunde und ließ die Studenten dabei zuhören. Mit der Zeit entspann sich eine

Freundschaft zwischen den Uellendahler Kindern und mir. An jedem Semesterende feierten sie mit mir, Fräulein Wülfers und einem »Bütterken«, daß sie den Studenten bei ihren oft unbeholfenen Lehrversuchen »über die Runden« geholfen hatten. Von ihnen lernte ich viel über das Leben ihrer Großeltern in den Zeiten der Not, als noch der Webstuhl fast den ganzen Wohnraum einnahm und die Familien auf dem Fußboden schliefen. Not herrschte nicht mehr in Wuppertal, als ich meinen Spaß mit den Uellendahler Kindern hatte und zu den Landschulpraktika in die Dörfer des Bergischen Landes fuhr. Alles wäre gut und schön für mich gewesen, hätten sich gegen Ende meiner Wuppertaler Jahre die politischen Verhältnisse in der Bundesrepublik nicht so unliebsam bemerkbar gemacht.

Noch bis Weilburg hatte ich mich aller gegenwartsnahen Aussagen innenpolitischer Art in der Öffentlichkeit enthalten. Jetzt sollte aber plötzlich alles anders werden. In Wuppertal begann ich, Aufsätze zu Fragen deutscher Gegenwartspolitik zu schreiben. Angefangen hat das alles aber mit einer Apologie Martin Niemöllers (1892–1984), einem der führenden Vertreter der »Bekennenden Kirche«, der von 1937 bis 1945 als »persönlicher Gefangener des Führers« im KZ gesessen hatte. Niemöller war Kirchenpräsident von Hessen-Nassau geworden, ist 1952 in die Sowjetunion gereist und hatte sich dadurch viel Feindschaft CDU-naher Kreise zugezogen. Die Kritik an ihm steigerte sich noch, als er sich später (1957) für die Anerkennung der »Oder-Neiße-Linie« als Westgrenze Polens einsetzte. Die Vertriebenenverbände beschimpften ihn, als wäre er ein Landesverräter, hofften sie doch noch immer auf die Wiedergewinnung des verlorenen deutschen Ostens in einem künftigen Friedensvertrag. Ihre Ablehnung Niemöllers wuchs auf dem Boden des neu erwachten deutschen Nationalismus, der sich mit einem Gefühl der Stärke paarte. Auf dem Höhepunkt der Anti-Niemöller-

Kampagne glaubte ich, öffentlich zu dem Problem der Oder-Neiße-Linie Stellung nehmen zu müssen. Als gebürtige Schlesierin fühlte ich mich von der ganzen Frage persönlich betroffen. Ich hatte die in Großbritannien veröffentlichten Dokumente der Kriegskonferenzen von Teheran (1943) und Jalta (1945) studiert und wußte, daß die »Westverschiebung Polens« auf Kosten der deutschen Ostprovinzen längst beschlossene Sache war. Aus parteitaktischen Gründen verschwieg die Adenauer-Regierung, was sie besser wissen mußte als ich. Sie hielt das Problem der deutschen Grenzen offen, ließ die illusionären Vorstellungen ihrer Wählerschaft ins Kraut schießen, und wer wie Niemöller die Wahrheit sagte, wurde Opfer böswilliger Verleumdungen. Um der historischen Tatsachen willen und um dem angegriffenen Niemöller beizustehen, schrieb ich einen Artikel über die Entstehung der Oder-Neiße-Linie und schickte ihn an Herbert Mochalski, den Chefredakteur der »Stimme der Gemeinde« (Frankfurt), ein Blatt, von dem ich wußte, daß es Niemöller nahestand. Er war einer der Herausgeber.

Die Oder-Neiße-Linie und die Verteidigung Niemöllers sollten am Anfang eines Weges stehen, der mich ganz unerwartet in die Politik geworfen hat. Kaum war der Artikel erschienen, stand auch schon Paul Neuhöffer vor der Tür und erbat einen Aufsatz für die »Blätter für deutsche und internationale Politik« (Köln). Kurz darauf erschien Helmut Bausch, Chefredakteur der »Deutschen Volkszeitung« (Düsseldorf), und wollte ebenfalls meine Meinung zu Gegenwartsfragen drucken. Seine Zeitung war von Joseph Wirth (1879–1956) gegründet worden, dem Reichskanzler der Weimarer Demokratie, der 1922 den »Rapallovertrag« mit der Sowjetunion geschlossen und Deutschland die Umklammerung durch die Westalliierten erleichtert hatte. Wirth (s. S. 140) habe ich persönlich nicht mehr kennengelernt, wohl aber den Herausgeber der »Blätter für deutsche und internationale Politik«, Karl Graf von Westphalen, mit dem mich bald eine Freundschaft verband. »Der Graf«, wie wir ihn nannten, hat herzlich gelacht, als ich ihn fragte, ob seine Ahnen wohl auf der »Heerschildordnung« Barbarossas gestanden hätten. Sie standen darauf! Es war ihm aber beinahe peinlich, daß er eine »bürgerliche« Streitgefährtin hatte, die etwas über den deutschen Uradel wußte, wollte er doch ganz kommun mit den Gewerkschaften gegen die atomare Aufrüstung der Bundesrepublik kämpfen.

»Der Graf« war es dann auch, der mich 1958 veranlaßte, einen »Appell an die Gewerkschaften gegen die atomare Aufrüstung der Bundeswehr« zu verfassen und ihn an 44 uns bekannte Professoren deutscher Universitäten mit der Bitte um ihre Unterschrift zu schicken. Diesem »Appell der 44« war 1957 ein allgemein gehaltener Aufruf der »Göttinger Achtzehn« vorausgegangen, der von Wissenschaftlern wie Heisenberg und von Weizsäcker unterzeichnet worden war. Die Gewerkschaften gegen die Pläne der Bonner Regierung mobilisieren zu wollen, das ging allerdings viel weiter und fand ein erstaunliches Echo. Bei den traditionellen 1. Mai-Feiern der Gewerkschaften traten 1958 erstmals Professoren in verschiedenen großen Städten als Redner auf und solidarisierten sich mit der Arbeiterschaft. So etwas hatte es in der Geschichte der deutschen Arbeiterbewegung noch nicht gegeben. Die politische Erregung über die Pläne der Bundesregierung war so groß, daß etliche der »Vierundvierziger« ihre Scheu vor den Massen überwanden und sogar unter freiem Himmel redeten, wie es in der Revolution von 1848 geschehen war. Ich sprach gleich auf zwei großen Kundgebungen, weil zu viele Anfragen aus verschiedenen Gewerkschaftsverbänden ergangen waren, die einen der 44 Professoren hören wollten. Es war ja auch eine politische Sensation, daß so viele akademische Lehrer aus den Mauern ihrer Universitäten heraustraten und auf Protestkundgebungen zu Tausenden und Zehntausenden von Mitgliedern der Industriegewerkschaften sprachen, deren Mentalität ihnen so gar nicht vertraut war. Mir fiel das leichter, hatte ich doch gleich nach Erscheinen des »Appells an die Gewerkschaften« an vielen Orten des rheinisch-westfälischen Industriegebietes auf Einladung von Ortsverbänden reden müssen und dabei gelernt, wie anders Arbeiter im Vergleich zu Studenten angesprochen werden mußten. Ich entsinne mich noch einer Gewerkschaftsveranstaltung mit Ruhrkumpeln, die für einige Stunden ihre Arbeit niedergelegt hatten und anmarschiert waren, um mich in einem großen Kinosaal anzuhören. Während ich redete und in ihre grauen, ausgemergelten Gesichter sah, fiel mir Rosa Luxemburg ein, um deretwillen sie wohl auch gekommen wären. Aber ich war keine Rosa, wollte meine Zuhörer nicht vom Marxismus überzeugen und hatte mit dieser großen Frau nur die Liebe zu den »Verdammten dieser Erde« gemein.

Politische Agitation war mir stets zuwider, aber das rechte Wort im rechten Augenblick zu finden und die Zuhörer zum Mitdenken zu bringen, wollte geübt sein. Und ich übte mich darin. Eigentlich hätte ich viel lieber über Thomas Eliots »Mord im Dom« oder über seine »Cocktailparty« diskutiert als über den Atomtod. Doch ich fügte mich in die Notwendigkeit, persönliche Interessen zurückzustellen und über die wichtigste Frage der Tagespolitik zu reden. Das ging mir aber irgendwie gegen den Strich, und ich litt unter den Dingen, die zur Politik gehören. Doch »Politik ist nicht schlecht; es gibt nur schlechte Menschen in der Politik«, tröstete mich ein alter Herr, der ehemalige Bürgermeister von Krefeld, Wilhelm Elfes, als ich über die Rankünen selbst innerhalb der Antiatombewegung stöhnte. Elfes hatte zusammen mit Wirth den »Bund der Deutschen« (BdD) gegründet, war praktizierender Katho-

Albert Schweitzer (1875–1965)

161

Hermann Hesse (1877–1962)

162

lik und hatte in der Weimarer Zeit dem »Zentrum« angehört. Er kannte sich also gut aus in den Dingen, die mir 1958 noch sehr unbekannt waren. Der vom »Grafen« veranlaßte und von mir formulierte »Appell der Professoren an die Gewerkschaften« hatte mir nämlich die Feindschaft politisch Andersdenkender und viel Mitläufertum eingebracht. Ich erfuhr, wie sehr Lüge, Verleumdung und Haß um sich greifen können, wenn politische Gegner es wollen. Ich befand mich plötzlich auf der ganz »linken« Seite des politischen Spektrums in der Bundesrepublik.

Meine Arbeit an der Wuppertaler Hochschule sollte – so hoffte ich – unangetastet davon bleiben. Ich glaubte, persönliche politische Meinung und objektive Arbeitsaufgaben sauber voneinander trennen zu können, wie es einst bei liberalen Professoren der Bismarckzeit möglich war. Es wäre aber besser gewesen, nicht an Bismarck, sondern an Metternich und die »Demagogenverfolgungen« nach 1819 zu denken, denen Professoren vom Range Friedrich Christoph Dahlmanns und der Brüder Grimm zum Opfer gefallen sind. Sie wurden aus dem Amt gejagt und mußten jahrzehntelang warten, bis sie in der Revolution von 1848 an der ersten Verfassung Deutschlands mitarbeiten konnten. Pressezensur gab es 1958 nicht mehr. Aber »Demagogenverfolgungen« waren in neuer Form wiedererstanden.

Meine Kollegen an der Wuppertaler Hochschule waren mir wohlgesonnen. Sie teilten meine politische Auffassung und hatten sich mit Hammelsbeck an der Spitze sogar an einem Protestmarsch gegen die atomare Bewaffnung der Bundeswehr beteiligt, so groß war die allgemeine Erregung über die Politik der Bonner Regierung. Gegen meine Artikel in den »Blättern für deutsche und internationale Politik« und in der »Deutschen Volkszeitung« hatten sie nichts einzuwenden, und ich fühlte mich nicht nur durch sie, sondern auch durch unerwartete Zustimmungserklärungen von über 200 Professoren anderer Hochschulen und Universitäten unterstützt. Beinahe über Nacht war ich in Deutschland bekannt geworden und hatte nun die unangenehmen Folgen solcher Popularität auf mich zu nehmen. Ein Zurück gab es nicht mehr, es hätte die vielen Unterstützer verwirrt und enttäuscht. Das Weitermachen aber mußte unvermeidlich zu einer größeren Verstrickung in die Politik führen und Gegnerschaft hervorrufen. Wollte ich das?

Meine Zweifel und Unsicherheiten wurden beseitigt, als ich eines Tages Post aus Lambaréné erhielt. Albert Schweitzer, der »Urwalddoktor« und Nobelpreisträger, schickte mir plötzlich einen ermutigenden Brief. Nie hätte ich es gewagt, dieser großen Persönlichkeit von mir aus zu schreiben. Schweitzer hatte meine Artikel gelesen und von meinem Einsatz im Kampf gegen die Atombewaffnung gehört. Aus meinem Dankbrief an ihn ergab sich eine rege Korrespondenz, die erst mit seinem Tode (1965) erlosch. Er schrieb mir immer so warmherzig, daß daraus eine echte Brieffreundschaft entstand. In den Briefen kurz vor seinem Tod fing er an, mich wie ein guter Vater zu duzen. Hermann Hesse (1877–1962) schickte mir einen Gruß und lud mich ein, ihn in Lugano zu besuchen. Um zu begreifen, daß man von mir auch außerhalb Deutschlands wußte, erhielt ich obendrein einen langen Brief von Bertrand Russell (1872–1970), der ja nicht nur mit Whitehead das erste System der mathematischen Logik entwickelt hatte, sondern nach dem Ersten Weltkrieg durch sozialkritische und kulturpolitische Aktivitäten bekannt geworden war. Schweitzer, Hesse, Russell auf der einen Seite und gehässige Kampfartikel in der bundesdeutschen Presse auf der anderen zeigten mir an, wohin ich geraten war. Ich wurde sehr nachdenklich.

Viel zu denken gab mir vor allem aber der überraschende Besuch eines Inders, der 1959 von Neu-Delhi auf dem Weg zur Unesco nach New York in Wuppertal halt

Bertrand Russell (1872–1970)

gemacht hatte. Es war Aryanayakam, ein Schüler des Mahatma Gandhi und ehemaliger Erziehungsminister im Kabinett Nehru. Dieser hochgewachsene, vornehm wirkende Mann war offenbar gekommen, um mir eine hintergründige Wegweisung zu geben. In unserem langen, auf Englisch geführten Gespräch erzählte er mir von Gandhi und Nehru, sprach von »civil disobedience« und schien alles über mich zu wissen. Ausführlich berichtete er mir von seiner soeben beendeten Reise nach Moskau, wo er Vorträge an der Lomonossow-Universität gehalten habe. In den Diskussionen mit den Studenten sei man immer wieder auf Jesus Christus gekommen. Die jungen Sowjetbürger hätten ihn, den Hindu, nach dem Christentum gefragt. Er habe daraufhin mit ihnen über die christlichen Wurzeln des Marxismus gesprochen und stehe noch immer unter dem Eindruck der großen Aufnahmebereitschaft der atheistisch erzogenen Russen für die Grundlehren des Christentums. Aber nicht er, sondern ein Mensch wie ich wäre wohl eher geeignet, das Christentum in Rußland wieder glaubhaft zu machen. Er sei überzeugt, daß ich den Christus Jesus für den Mittelpunkt der Weltgeschichte halte. Müßte ich daraus nicht Konsequenzen ziehen?

Ich hörte ihm sprachlos zu. Was wollte dieser Inder von mir? Warum hatte er seinen Flug unterbrochen und war ausgerechnet zu mir gekommen? Offenbar hatte er einen Auftrag zu erfüllen. Wir haben auch über Reinkarnation und Karma gesprochen. Aber deswegen war er nicht aufgetaucht. Er wollte mir nahelegen, im Kampf gegen die Atomgefahren nicht nachzulassen, und mich zugleich daran erinnern, daß die Zukunft des Christentums in Rußland liegt. Aryanayakam war erschienen, als blindwütiger Antisowjetismus und Antikommunismus in der Bundesrepublik vorherrschten, und nun sagte er mir, daß ich mich nicht irremachen lassen sollte in meinem Glauben an das Zukunftsvolk der Russen. Konkret hieß das freilich, daß

Mit dem Privatsekretär Nehrus und Gandhi-Schüler
Aryanayakam 1959 in Wuppertal

man im Augenblick für die Erhaltung des Weltfriedens kämpfen mußte, damit Russen und Amerikaner nicht in einen atomaren Schlagabtausch verwickelt würden. Der Blitzbesuch Aryanayakams ist sehr wichtig für mich geworden. Ich nahm mir vor, noch entschiedener für den Abbau der verhärteten Fronten des Kalten Krieges einzutreten und eine geistige Verbindung mit russischen Menschen zu suchen. Daß das sehr schwierig sein würde, wußte ich, und nicht umsonst hatte Aryanayakam mich an die Gefängnisaufenthalte Nehrus und Gandhis erinnert.

Daß die Erhaltung des Weltfriedens, d. h. die Vermeidung eines Atomkrieges zu einer internationalen Angelegenheit geworden war, wurde mir nicht nur aus Presse, Funk und Fernsehen bewußt. Ein junger Australier, Herbert Compton aus Sidney, meldete sich eines Tages bei mir, brachte mir Grüße vom fünften Kontinent, und ungefragt schlug er ein kleines Zelt auf der Wiese vor meinem Wohnhaus auf. Hemlata Devi aus Indien war gekommen und wollte mit ihm und mir eine »Atommahnwache« in Wuppertal inszenieren. Das waren freilich nur gutgemeinte Harmlosigkeiten gemessen an dem, was Aryanayakam mir gesagt hatte.

Bald darauf merkte ich, daß ich »beschattet« wurde und ein Spitzel des Geheimdienstes, »Verfassungsschutz« genannt, immer auftauchte, wenn ich irgendwo redete oder außerhalb meiner Berufstätigkeit Vorträge hielt. Sie waren ja so leicht zu erkennen, diese »Verfassungsschützler«, schrieben sie doch auffallend fleißig mit und stellten Fangfragen in der Diskussion. Daß ich mich mit dem Spitzelwesen alter und neuer Zeit auskannte, konnten sie ja nicht wissen. Es machte mir Vergnügen, meinen Redefluß gelegentlich zu unterbrechen und den »Herren vom Verfassungsschutz« eigens zu erwähnen, der ja irgendwo im Publikum sitzen mußte. Ich gewöhnte mir aber an, meine Ausführungen schriftlich auszuarbeiten, um gegen falsche

Wiedergaben gefeit zu sein. Erst als die »Agenten« mit Tonbandgeräten ausgestattet wurden, konnte ich wieder freier reden. Meine Akte im »Verfassungsschutz« muß ziemlich dick gewesen sein, hat aber nichts enthalten, was für ein »Ermittlungsverfahren« ausgereicht hätte. Daß ich mich über »meine« Verfassungsschützler nicht geirrt habe, sollte sich 1959 bestätigen, als man mich nach Düsseldorf ins Kultusministerium bestellte.

Der sympathische Ministerialbeamte, der mich verhören mußte, tat mir leid, denn er wußte ja, daß ich im Auftrage des Ministeriums die neuen Lehrpläne für den Geschichtsunterricht in Schulen erstellt hatte, was immerhin ein Vertrauensbeweis war. Und nun sollte er meine »Verfassungstreue« prüfen. Es war ihm sichtlich peinlich, mir einen Berg von Zeitungsausschnitten vorzulegen, zu denen ich mich äußern sollte. Die meisten davon stammten aus »der Zone«, wie man damals die DDR titulierte, und beruhten auf Korrespondentenberichten der ADN (Allgemeine Deutsche Nachrichtenagentur, Ostberlin), die in »ostzonalen« Zeitungen erschienen waren. Mir war sofort klar, daß ich mit dem netten Ministerialrat über Methoden der Pressearbeit in Ost und West und den Unterschied zwischen Journalismus und »Journaille« reden mußte, die hüben wie drüben florierte. Wir verabschiedeten uns freundlich, und nach einiger Zeit erfuhr ich durch den Justitiar des Ministeriums, meine »Anhörung« habe ergeben, daß kein Anlaß für die Eröffnung eines Disziplinarverfahrens bestehe. Die Sache habe sich erledigt. Das konnte auch nur im Interesse des Ministeriums liegen, das 1959 gerade den Schulen empfohlen hatte, mein Buch *Geschichte für die Jugend* (Stuttgart 1959f.) in den Unterricht einzuführen.

Was sich gegen mich zusammenbraute, bekam ich dennoch alsbald zu spüren. Ich hatte 1958/59 in der Bundesrepublik an verschiedenen Orten auf Einladung von kirchlichen Kreisen, Gewerkschaften, »Kampf dem Atom-

*Mit Linus Pauling, Martin Niemöller, Frau Pauling
und einem Neffen Paulings (links) 1958 in Wuppertal*

tod«-Gruppen und der IdK (Internationale der Kriegsdienstgegner) geredet, war mit Herbert Wehner (SPD) in Karlsruhe bei einer Kundgebung vor 20 000 Teilnehmern aufgetreten und hatte den amerikanischen Nobelpreisträger Linus Pauling (Pasadena) auf Pressekonferenzen begleitet. Die Großveranstaltungen lagen mir gar nicht, und ich mußte immer meinen ganzen Mut zusammennehmen, wenn ich da reden sollte. Mit Linus Pauling aber war das eine ganz andere Sache. Er war eine große Persönlichkeit, voller Bescheidenheit und Güte, mit köstlichem Humor und viel Verständnis für die Anliegen der »kleinen Leute«.

Pauling war nach Deutschland gekommen, weil ihm Aloys Stoph, ein junger Arbeiter aus Essen und IdK-Mann, einen recht unbeholfenen Brief geschrieben und um Hilfe beim Kampf gegen die Atomrüstung gebeten hatte. Als er tatsächlich in der Bundesrepublik erschien, kam der Aloys eilends zu mir, damit wenigstens ein westdeutscher Professorentitel bei der Begrüßung erwähnt werden konnte. Ich ärgerte mich über die Interesselosigkeit der bundesdeutschen Presse bei seinem Erscheinen und schämte mich für die geringe Zahl von Zuhörern, vor denen er auf den von Aloys veranstalteten »Kundgebungen« sprach. Doch Martin Niemöller kam uns zu Hilfe, mobilisierte die kirchlichen Bruderschaften, und die Säle wurden etwas voller.

Eigentlich hätte Pauling Einladungen von westdeutschen Universitäten erhalten müssen. Aber weil diese ausblieben, kam ich auf die Idee, an die Ostberliner Humboldt-Universität zu schreiben und ihr vorzuschlagen, Pauling die Ehrendoktorwürde zu verleihen. Ich kannte damals noch niemanden von dieser Universität, konnte mir aber denken, daß man dort schnell handeln würde, was auch geschah. Der amerikanische Nobelpreisträger war frei von antikommunistischer Engstirnigkeit, hatte schon durch mehrere europäische Universitäten den »h. c.« erhalten und nahm ihn auch von der Humboldt-Universität gerne an. Aloys Stoph begleitete ihn nach Ostberlin und erzählte mir hinterher lachend, daß ihn »die Herren« im »Arbeiter- und Bauernstaat« beinahe nicht zum Festakt hereingelassen hätten, weil er keinen schwarzen Anzug besaß. Da habe er »denen da drüben« dann gesagt, was ein Proletarier ist.

Ja, es war schwierig mit der DDR. Ich war seit 1946 in der Bundesrepublik geblieben und erstmals 1958 wieder über die innerdeutsche Grenze gefahren. Da hatte ich eine Einladung der Universität Jena zu ihrer 400-Jahr-Feier erhalten und sie im Unterschied zu vielen anderen westdeutschen Professoren auch angenommen. Endlich durfte ich meine alte »alma mater« und »den Berg mit dem rötlich strahlenden Gipfel« wiedersehen, und ich kümmerte mich nicht um die Aufregung, die in der Bundesrepublik wegen der Ausweisung eines DDR-Professors entstanden war. Doch ich blieb nur ganz kurz in dem »lieben närrischen Nest« an der Saale, ließ mir dort ein Visum für Ostberlin geben und erhielt es auch sofort, weil ich die umstrittene Universitätsfeier mitgemacht hatte. Nachdem ich in Jena noch kurz dem Münchener Professor Karl Saller und dem Würzburger Staatsrechtler Franz Paul Schneider begegnet war, steuerte ich meinen VW nach Berlin (Ost) und ließ mich bei Hilde Benjamin, der berüchtigten DDR-Justizministerin, anmelden. Es dauerte noch nicht einmal eine Stunde, und ich erreichte, was ich dort wollte. Ich konnte meine Vorwürfe über die DDR-Justiz vorbringen und die Freilassung von Käthe Meinhof, der Schwester von Ulrikes früh verstorbenem Vater, erlangen. »Tante Käthe« und vierzig kirchliche Mitarbeiter waren inhaftiert und kamen nun frei.

Mir hatten – ich muß es bekennen – die Knie gezittert, als ich in die Höhle des Löwen ging. Aber ich sagte mir, daß Hilde Benjamin mein Verlangen nicht abschlagen könne,

Mit Linus Pauling auf einer Essener Kundgebung
gegen die Atomgefahr am 27. September 1958

173

weil ich mich doch durch meine Teilnahme an den Jenenser Feierlichkeiten nach Auffassung der bundesdeutschen Presse politisch »kompromittiert« hatte. Ich besitze noch ein kleines, mit chinesischer Stickerei versehenes Deckchen, das von Käthe Meinhof stammt. Sie hatte nämlich viele Jahre im »Reich der Mitte« gelebt, war in der »Chinamission« der evangelischen Kirche tätig gewesen und mit Tschiang Kai-shek persönlich bekannt. Noch vor dem Zweiten Weltkrieg war sie in ihre Heimatstadt Halle an der Saale zurückgekommen, und nun machte sie ihr Kontakt zu Tschiang verdächtig, der 1949 vor Mao Tse-tung nach Formosa geflohen war. »Rotchina« stand im Bündnis mit der DDR, und allmählich war man auf Käthe Meinhofs Verbindung zum chinesischen »Klassenfeind« aufmerksam geworden. Es war mir aber nicht schwer, sie nun freizubekommen.

Hammelsbeck und dem Wuppertaler Kollegium erzählte ich von meinem Berliner Abenteuer, und sie billigten es. Franz Paul Schneider aber schickte mir nach der Jenenser Universitätsfeier immer die Verlautbarungen des »Fränkischen Kreises«, dessen Vorsitzender er war. Dieser Kreis war eine Vereinigung der außerparlamentarischen Opposition, in der sich meist süddeutsche Akademiker zusammengeschlossen hatten. Im »Bulletin« des Fränkischen Kreises veröffentlichte Schneider Aufsätze und Dokumente zu Zeitfragen und hatte dort auch den »Appell der 44 Professoren« publik gemacht. Von mir erbat er sich fortan Aufsätze und lud mich stets zu den Zusammenkünften dieses Kreises ein, zu dem nicht nur Universitätsprofessoren, sondern auch etliche Intellektuelle gehörten, die nach 1933 im Londoner Exil gelebt hatten, wie Professor Fränkel oder der Verleger Hans Fladung. Letzterer war von den Quäkern nach England gebracht worden, als er von der SS zusammengeschlagen und geblendet worden war, so daß er kaum noch sehen konnte.

174

Fladung, der stets am weißen Stock ging und zum Lesen eine Lupe benutzen mußte, konnte ich nur bewundern. Bis zu seinem Tode (1974) suchte ich ihn vor jedem Weihnachtsfest auf. Das war Tradition geworden, seitdem ich wußte, daß Fladung ein überzeugter Kommunist war, mein Christsein aber vorbehaltlos gelten ließ. Er erinnerte mich oft an Friedrich Engels, der atheistisch dachte, aber christlich handelte. Wenn doch die frommen Christen unserer Tage getan hätten, wovon sie immer redeten! Statt dessen machte man Fladung das Leben in Düsseldorf schwer, klagte ihn des Landesverrats an und quälte ihn mit nächtlichen Hausdurchsuchungen. Er verließ Nordrhein-Westfalen und ging in das freiere Hessen, wo man ihn dann auch in Ruhe ließ.

Seine hohe Moral und sein unbezwinglicher Zukunftsglaube wurden von Franz Paul Schneider und mir nicht minder bewundert wie von Martin Niemöller. Überhaupt bildete sich allmählich so etwas wie eine unsichtbare Akademie freier Geister in der Bundesrepublik heraus. Sie kannten sich nicht, waren aber wie alte Freunde, sobald sie sich unerwarteterweise einmal trafen.

So erging es mir auch mit den Professoren der Theologischen Fakultät der Leipziger Universität, die mich 1959 zu einem Vortrag einluden. Ihre Namen waren mir teilweise noch aus meiner Jenenser Studienzeit bekannt. Jetzt sah ich sie leibhaftig vor mir, würdige Gelehrte von distinguiertem Aussehen, an denen die Zeit – oder sie an ihnen – vorübergegangen war. Sie lebten in einem kommunistisch regierten Land, verteidigten ihr Luthertum gegen die marxistische Staatsdoktrin, hatten Schwierigkeiten mit der Regierung, aber »Jedermann sei untertan der Obrigkeit, die Gewalt über ihn hat« (Römer 13) war ihre Maxime. Sie lehrten Altes und Neues Testament, Dogmatik und Homiletik nicht anders als sie es immer getan hatten, als aufrechte Vertreter der »Augsburgischen Konfession«. Mich hatten sie eingeladen, über den »Westfälischen Frieden von 1648 und seine Bedeutung für die weitere Entwicklung der deutschen Verhältnisse« zu reden. Ich fuhr gerne nach Leipzig, in die Stadt, wo Johannes Eck 1519 seine berühmte Disputation mit Luther geführt hat, wo aber immer noch »Auerbachs Keller« aus Goethes »Faust« existierte. Daß mir Goethe eigentlich lieber war als Luther und Eck, konnten die Herren von der Theologischen Fakultät nicht wissen. Aber was hätte Goethe auch mit der Teilung Deutschlands als theologischem Problem zu tun gehabt?

Auf der Fahrt nach Leipzig machte ich schnell noch einen Abstecher nach Weimar, und ich konnte auch nicht an Naumburg und den »Stifterfiguren« in seinem Dom vorbeifahren. Bei allem, was meine politischen Freunde in der nächsten Zeit von mir erwarteten, habe ich oft eine Art von geistigem Doppelleben geführt, und ich litt darunter. Das Gewissen schlug mir immer, wenn ich ihre Einladungen zu Vorträgen eigentlich nur dann gerne angenommen hatte, sobald ich die Reise mit meiner Liebe zu Kunststätten verbinden konnte.

Ich war allerdings immer erleichtert, wenn ich von evangelischen Studentengemeinden um eine Stellungnahme zu Zeitfragen gebeten wurde. Mehrmals (zwischen 1958 und 1961) fuhr ich nach Berlin, eingeladen vom Sozialistischen Studentenbund und von der Evangelischen Studentengemeinde. In Berlin gab es damals noch keine trennende Mauer, und auch die evangelische Kirche war noch nicht geteilt. Im Berliner Sozialistischen Studentenbund empfing mich »meine« Ulrike Meinhof, mit Klaus Röhl an ihrer Seite, den sie 1961 heiraten sollte. Wir waren beide herzlich froh, daß wir unabhängig voneinander im Kampf gegen die Atomrüstung auf der gleichen Seite standen. Auch der Berliner evangelische Studentenpfarrer (und spätere Professor) Gerhard Bassarak traf sich mit mir im gleichen Lager. Bassarak, nur einige Jahre älter als ich,

Rednerin auf einer Kundgebung 1959 in Essen

war durch seinen Streit mit dem evangelischen Bischof Otto Dibelius bekannt geworden, dessen politische Gefolgschaft für Adenauer er ebenso ablehnte wie ich. Bassarak stammte aus Ostpreußen, war als Kriegsteilnehmer zum Pazifisten geworden und hatte 1945 ähnliche Erfahrungen gemacht und Enttäuschungen erlebt wie ich. Ein »politischer« Pfarrer ist er nicht geworden, und doch war er es. Er prüfte immer alles, was geschah, am Evangelium Jesu Christi, bevor er zur Urteilsbildung kam. Mit Gerhard Bassarak und seiner Frau verband mich bald jene Art von sachlicher Übereinstimmung, die in persönliche Freundschaft einmündet.

Auch ihn zählte ich zu der Akademie freier Geister, die mir damals bewußt wurde. Sie ist nicht etwa eine politische Kampfgemeinschaft, geht vielmehr weit über zeitbedingte Problematiken hinaus und beruht auf übergreifenden gemeinsamen Einsichten. In dieser »Akademie« trifft man sich mit bildenden Künstlern ebenso wie mit Arbeitern, Ärzten, Rechtsanwälten, kleinen Unternehmern und Angestellten. Franz Paul Schneider, der Würzburger Universitätsprofessor, und seine Freunde gehörten für mich dazu und auch Lehrer aus Hamburg oder Gießen, Bergarbeiter aus dem Ruhrgebiet oder die Menschen aus dem Kreis von Niemöller und die Mitglieder des »Deutschen Clubs«, die Karl Graf von Westphalen um sich geschart hatte. Ein außerordentlich reger Gedankenaustausch zwischen all diesen Gruppen kennzeichnete das Jahr 1959, was zahlreiche Treffen und viel Herumfahren für mich bedeutete.

Höhepunkt dieses Jahres war der von Schneider veranstaltete »Kongreß gegen die atomare Aufrüstung«, auf dem der Darmstädter Studentenpfarrer Herbert Mochalski und ich die Hauptreferate hielten. Es war ein besonders »dichtes« Jahr, dieses 1958/59. So viel Erfahrungen im öffentlichen Leben es mir auch brachte, so habe ich mich doch nie davon abbringen lassen, meinen »pädagogischen« Beruf als den Mittelpunkt meiner Aufgaben zu betrachten. Die Schulkinder im Uellendahl und die Studenten an der Pädagogischen Akademie waren mir wichtiger als die sogenannte »Öffentlichkeitsarbeit«. Und das Glück war mir wieder einmal hold. Im April 1959 hielt ich die Autorenexemplare der ersten Auflage meiner vierteiligen *Geschichte für die Jugend* (Stuttgart) in den Händen. Trotz aller nervenaufreibenden Anstrengungen des Jahres 1958 hatte ich noch Zeit und Kraft gefunden, dieses Buch zu erarbeiten und niederzuschreiben. »Die Nacht ist nicht allein zum Schlafen da, die Nacht ist da, daß das geschieht«, hat Gründgens in seinem 1789-Film gesungen, und ich erholte mich von den Strapazen der vielen Fahrten »in Sachen Frieden« durch nächtliche Beschäftigungen mit einer *Geschichte für die Jugend*. Das Buch erhielt sehr positive Rezensionen in pädagogischen Zeitschriften. Es war für das 5. bis 8. Schuljahr gedacht und entstand im Verlauf meiner Arbeit mit den Uellendahler Kindern und im Zusammenhang mit den Studentenpraktika. Die Kinder waren mir wichtiger als alle Rezensenten zusammen. Sie benutzten das Buch sehr gerne und fanden es außerdem »prima«, daß sie jetzt Umgang mit einem richtigen »Bücherschreiber« hatten.

Diese Kinder und die Studenten sollten mir zur »Rückenstütze« werden, als ich 1960 ganz brutal in den Strudel innenpolitischer Auseinandersetzungen hineingeriet. Begonnen hatte es mit einem Zeitungsartikel, der die Überschrift trug: »Professor Riemeck prüft Marx«. Man warf mir vor, in einem Staatsexamen nach Marx gefragt zu haben, als hätte ich eine Todsünde begangen. Nun hatte ich das gar nicht getan, wohl aber mein Kollege Harder, der »Beisitzer« in der von mir abgehaltenen Prüfung war. Es war geradezu grotesk, eine solche Frage in einem Geschichtsexamen als unzulässig zu tadeln und daraus auf »Ostkontakte« zu schließen. Daß dies aber geschehen konnte, war

Während einer Kundgebung auf dem Marktplatz
von Dortmund-Brackel am 9. Februar 1959

symptomatisch für das vergiftete innenpolitische Klima jener Tage. Was sollte ich zu einem solch böswilligen Angriff sagen?

Ich brauchte mir keine Gedanken darüber zu machen, denn der gehässige Artikel war nur das »Vorspiel auf dem Theater«, das mir bevorstand. Kurz darauf und nur wenige Tage vor Schluß des Sommersemesters erreichte mich ein Brief des Kultusministers Schütz (CDU), der mich aus der Prüfungskommission ausschloß. Ich erhielt das Schreiben, als mein VW fertig gepackt vor der Tür stand und ich gerade nach Berlin fahren wollte, um einen Vortrag vor der Evangelischen Studentengemeinde zu halten. Es war nur gut, daß ich auf dieser und anderen Unternehmungen immer von Holde Bischoff begleitet wurde. Als wir zurückkamen, stand die Hochschule in heller Empörung.

Der Entzug meiner Prüfungsbefugnis dicht vor dem Examen war ja nicht nur eine diskriminierende Aktion gegen meine Person. Er betraf auch die Examinanden, die sich einem unbekannten Prüfer stellen sollten.

Der ASTA (Allgemeiner Studentenausschuß) berief eine Studentenvollversammlung ein und trug ihr einen »Offenen Brief« an den Minister Schütz vor, der mit überwältigender Mehrheit angenommen wurde – nur 16 Gegenstimmen bei über 300 Teilnehmern. Das Hochschulkollegium hatte sofort eine Erklärung verfaßt, in der sich meine Kollegen mit mir solidarisierten. Der Kultusminister aber untersagte die Veröffentlichung dieses Protestes, was den Widerstand gegen die ministerielle Beschneidung meiner Lehr- und Meinungsfreiheit nur verstärken konnte. Die Studenten beschlossen, gegen den Kultusminister zu demonstrieren.

Die Semesterferien hatten schon begonnen, als am 16. Juli 1960 etwa 300 eigens dagebliebene Studenten nach Düsseldorf fuhren, um sich dort am Kultusministerium zu treffen. Sie ließen sich auf der pompösen Freitreppe des Gebäudes nieder, entfalteten selbstgemachte Spruchbänder, zeigten viele kleine Plakate und veranstalteten den ersten »Sitzstreik« der Nachkriegsgeschichte Deutschlands und der deutschen Bildungsgeschichte überhaupt. Presseberichterstatter eilten herbei und erblickten eine disziplinierte akademische Jugend, die sich nicht provozieren ließ, zwei Stunden ausharrte und nur schweigend kundgab, weshalb sie den Zugang zum Kultusministerium versperrte. Jeder konnte lesen, was die Studenten und Studentinnen bei ihrer Vertrauensdozentin gelernt hatten: »Niemand darf wegen seiner politischen Ansicht benachteiligt werden«; »Studenten streiken gegen den Mißbrauch demokratischer Machtbefugnisse«; »Beamtengehorsam hat seine Grenzen«; »Wir fordern Rehabilitierung von Frau Prof. Riemeck«.

Der Sitzstreik löste Bestürzung bei der Düsseldorfer Landesregierung und politische Überraschung in Bonn aus. Die Studenten überreichten ihr Protestschreiben dem Minister, der ihnen sagte, er habe mich mit seiner Maßregelung »aus der Schußlinie berechtigter öffentlicher Kritik« heraushalten wollen, weil ich »in Ostkontakten stark hervorgetreten« sei. Das glaubten ihm die Studenten nicht. Sie sahen mich als Opfer repressiver Staatspolitik an, wobei sie sich durch zahlreiche Stellungnahmen und Solidaritätserklärungen bestärkt fühlen durften. Der »Bund Europäischer Jugend«, der »Verband der Kriegsdienstverweigerer«, die »Westdeutsche Frauenfriedensbewegung«, die »Gewerkschaft Erziehung und Wissenschaft«, die »Stimme der Gemeinde«, ähnliche Organisationen und Einzelpersönlichkeiten protestierten in Briefen und Telegrammen. Das Bild vom Sitzstreik der Studenten erschien in vielen Zeitungen, von Flensburg bis nach Oberbayern. Protesttelegramme von Professoren verschiedener Hochschulen gingen im Düsseldorfer Ministerium ein, und Martin Niemöller forderte die Rückgängigma-

Sitzstreik der Studenten der Pädagogischen Akademie
Wuppertal vor dem Düsseldorfer Kultusministerium
am 16. Juli 1960

chung der ministeriellen Verfügung, »damit die Glaubwürdigkeit unserer freiheitlich-demokratischen Grundordnung wiederhergestellt wird«.

Den Studenten aber redete ich gut zu, sich dem Examen durch den neuernannten Prüfer (einen Kollegen von einer anderen Hochschule) zu unterziehen. Sie folgten meinem Rat und setzten alles daran, um mir durch gute Prüfungsergebnisse alle Ehre zu erweisen. Ich verschwand in den Semesterferien an den Ammersee, weil ich mich dort von den Wuppertaler Turbulenzen erholen wollte. Doch ich hatte mich geirrt. Der Sitzstreik hatte zu großes Aufsehen in der Bundesrepublik erregt. Man deckte mich mit positiven, aber auch gehässigen Zuschriften ein. »Ein garstig Lied, pfui, ein politisch Lied!« mußte ich mir sagen, als mich am Ammersee ein Schreiben des Bremer Kultursenators erreichte, der mir eine Geschichtsdozentur in der Hansestadt anbot. Man hätte Genugtuung empfinden können bei dieser Anfrage. Doch ich sagte mir, daß man mich im SPD-regierten Bremen wohl nicht wegen meiner pädagogischen Leistungen haben wollte, sondern weil die Bremer dem christdemokratischen Kultusministerium von Nordrhein-Westfalen eine Lehre erteilen wollten. Ich gedachte in Wuppertal zu bleiben und hoffte auf die Annullierung des Düsseldorfer Bescheides.

Aber das »politisch Lied« war noch nicht ausgesungen, so »garstig« es mir auch war. Man hatte mir zwar das Prüfen untersagt, Vorlesungen durfte ich aber halten. Wahrscheinlich war man im Kultusministerium der Auffassung, die Studenten würden sich für meine Arbeit nicht interessieren, sobald sie wüßten, daß sie bei mir kein Examen mehr machen können. Doch das Gegenteil trat ein. Ich mußte bei Beginn des Wintersemesters feststellen, daß die Studentenschaft hochgradig politisiert worden war. Es war eingetreten, was ich in den vorangegangenen Semestern erfolgreich vermeiden konnte. Der Sitzstreik hatte nachhaltige Folgen gezeitigt. Die Studenten wollten »weitermachen« und erwarteten bei politischen Aktivitäten Rat und Hilfe von ihrer Vertrauensdozentin. Ich habe sie furchtbar enttäuscht, indem ich ihre Einsatzbereitschaft für mich zu dämpfen versuchte. Wie lange konnte das noch gutgehen?

Ich hatte es ja nicht nur mit unruhigen Studenten, sondern auch mit der Erwartungshaltung vieler Menschen zu tun, die von mir ein verstärktes Engagement in der Politik erhofften. In den kirchlichen Bruderschaften, bei verschiedenen Jugendverbänden, im »Fränkischen Kreis« und bei den Abonnenten der »Stimme der Gemeinde«, der »Blätter für deutsche und internationale Politik« und der »Deutschen Volkszeitung« wurde der Ruf nach Gründung einer neuen Partei laut. In ihr sollten sich alle zusammenfinden können, die gegen Atomrüstung, NATO und Militarismus, aber für Frieden und Verständigung mit dem Osten (einschließlich DDR) waren. Man bedrängte mich immer heftiger und konnte es einfach nicht begreifen, daß ich für eine Parteibildung nicht zu gewinnen war. Das Entstehen politischer Bewegungen habe ich immer interessiert verfolgt, ihre Verfestigung in Parteien aber war mir etwas sehr Fremdes. Es lag gänzlich außerhalb meines Horizontes.

Nur mit Beklemmungen kann ich an die vielen nächtlichen Gespräche denken, die man damals mit mir in meiner Wuppertaler Wohnung führte. Es waren ehemalige SPD-Abgeordnete wie Gleisberg und Behrisch, Pfarrer wie Werner, Oeffler, Jockers und Sanß, Journalisten wie Bausch, Neuhöffer und Dr. Brender, Menschen wie Frau von Kühlmann und Graf Wedel, Künstler wie Otto Pankok und Schönfeldt und viele andere Persönlichkeiten, die auf eine Parteigründung drängten und mich unbedingt dabeihaben wollten. Der Kotau, den der Fraktionsvorsitzende der SPD, Herbert Wehner, 1960 vor der Politik Adenauers gemacht hatte, ließ bei ihnen diesen Wunsch entstehen.

Im Jahr 1960

186

Daß ich mich dagegen sträubte, hielten viele nur für eitle Ziererei. Ich fühlte mich sehr einsam.

Schließlich kam sogar »meine« Ulrike aus Hamburg angereist und versuchte mich umzustimmen. Und nicht genug – meine politischen Freunde hatten das Einverständnis des alten (und schon sehr kranken) Ernst Rowohlt für die Gründung einer Partei eingeholt, legten mir Briefe des Dichters Fritz von Unruh und des Vaters der vom Hitlerregime hingerichteten Geschwister Scholl vor. Alle hofften sie auf eine neue Partei. Ich konnte darin nicht eine Lösung der entstandenen Probleme sehen. Aber da erschien plötzlich Dr. med. Hans Brender, der in der »Deutschen Volkszeitung« mitarbeitete, und legte mir in einem langen nächtlichen Gespräch überzeugend dar, was für eine Parteigründung sprechen konnte. Nur qua »Partei« könne man sich gegenwärtig vor Verfolgung und Verbot schützen, meinte er. In den letzten Jahren seien etliche politische Vereinigungen einfach durch Verwaltungsmaßnahmen »erledigt« worden. Um eine Partei verbieten zu können, müsse die Regierung vom Verfassungsgericht ein Verbot erwirken. Das sei viel schwieriger. Eine Partei genießt den Schutz der Verfassung. Dem konnte ich nicht widersprechen.

Der Arzt Dr. Brender, ein großer Tier- und Pflanzenfreund, besaß sowieso meine Sympathie. Er war als »Nichtarier« der Judenverfolgung durch die Nazis entkommen, stand aber schon wieder im Schatten des anwachsenden neuen Antisemitismus in der Bundesrepublik. Ich versprach ihm, den Aufruf zur Gründung einer Partei zu verfassen, wollte aber keine Funktionen in ihr übernehmen. Auch müsse deutlich erkennbar gemacht werden, daß es sich nur um einen Zusammenschluß sehr verschiedener Gruppen handelt, die Mitteleuropa aus Militarismus und Nationalismus heraushalten und für eine Verständigung mit den Völkern des Ostens einstehen wollen. »Deutsche

Friedensunion« (DFU) solle sie heißen und Christen wie Sozialisten, Liberale wie Arbeiter für den Kampf gegen die Rüstungspolitik ansprechen können.

Mitte Dezember 1960 fand in Stuttgart der Gründungskongreß der DFU statt, der viel Zuspruch fand. Es war aber bis zu diesem Moment noch immer nicht entschieden, wer an der Spitze dieser Union stehen sollte. Schweren Herzens ließ ich mich während des Kongresses dazu bewegen, für die Sache geradezustehen, weigerte mich aber, die alleinige Führung zu übernehmen. Ich schlug vor, statt einer Einzelpersönlichkeit ein dreiköpfiges »Direktorium« (Karl Graf von Westphalen, Lorenz Knorr und mich) zu wählen, und umjubelt von den Kongreßteilnehmern fuhr ich ziemlich benommen nach Hause. Mußte ich es sein, auf die sich alle einigen konnten und dann auch die beiden anderen »Direktoren« mitwählten?

Ich hatte es schon geahnt, daß mir solches widerfahren würde, und deshalb vorsorglich um Entlassung aus dem Beamtenverhältnis ersucht; denn ich wußte, meine Verbindung mit der DFU würde nur ein häßliches Disziplinarverfahren auslösen. Um es durchstehen zu können, hätten mir Zeit und Kraft gefehlt. Als die Wuppertaler Studenten von meinem Abschied erfuhren, brachten sie mir abends einen Fackelzug und sangen das schöne Lied: »Wenn alle untreu werden, so bleiben wir doch treu...«

Und sie blieben es. Der Student, der 1960 den Fackelzug organisierte, hat später promoviert und ist 1978 Pädagogikprofessor an der Universität Marburg geworden. Als dieser Christoph Berg seine Bestallungsurkunde erhielt, reiste er sofort zu mir und überbrachte mir 1979 einen Lehrauftrag der Philipps-Universität im Fachbereich Pädagogik. Ich hatte achtzehn Jahre nicht mehr vor Studenten gestanden und wußte kaum noch, wie man Vorlesungen hält. Aber die Zweifel an mir selbst zerstreuten sich schnell. Ich konnte noch immer einen Hörsaal füllen und

Gründungsversammlung der Deutschen Friedensunion (DFU)
in Stuttgart am 17. Dezember 1960;
sitzend: Dr. Tönnies, Karl Graf von Westphalen,
stehend: Albert Berg, Dr. Brenner, Lorenz Knorr

189

die Studiker für Geschichte und Pädagogik interessieren. Es waren andere Studenten, die jetzt vor mir saßen, als es jene waren, denen ich in Wuppertal die Größe der Geschichte nahebringen durfte. Die Marburger waren antiautoritäre Nachfahren der Studentenrevolte von 1968 und hielten nicht mehr allzu viel von Wissenschaft und Lehre. Doch die Herausforderung, die dadurch an mich gestellt wurde, tat mir gut. Von Semester zu Semester wurde der Lehrauftrag erneuert, und wenn ich auch kein Professorensalär bezog, sondern kümmerliches Stundengeld erhielt, so war ich doch rehabilitiert und besaß die Freiheit zu sagen, was ich sagen wollte. Ich durfte Wuppertal vergessen.

Es gibt nichts Schlechtes, was nicht auch sein Gutes hätte, sagten die alten Juden.

»Alles Getrennte findet sich wieder«

Der Abschied von meiner Wuppertaler Berufstätigkeit ist mir nicht leichtgefallen. Als ich am Fenster stehend in den Fackelzug der Studenten hinuntersah, wußte ich, was ich aufgegeben hatte. Es war nicht die Preisgabe eines gesicherten Beamtendaseins, es war der Verzicht auf die Lehrerbildung, der mich beim Anblick der fackeltragenden Studenten bewegte.

In der Auflehnung gegen den politischen Willen eines Ministers, der selber nur ausführendes Organ seiner Partei war, hatte ich meinem Lebensweg eine andere Richtung gegeben. Wohin würde er mich führen? War ich nicht nur Gallionsfigur am Schiff der außerparlamentarischen Opposition, deren Ziel noch unklar war?

Ich wollte mich nicht beugen, und diese Unbeugsamkeit hatten die Studenten mit ihrem Fackelzug honoriert. Aber da war ein Minister, der mein »Dienstherr« war, Macht und Gewalt hatte und mit der Gehorsamspflicht der Beamten operierte. Daß ich nie einen Beamteneid geleistet hatte (s. S. 120), konnte er nicht wissen. »Man muß ja nicht Beamter sein. Dann hat man auch mehr politische Freiheit«, sagte er in einem Gespräch mit den Studenten. Er wollte ein Disziplinarverfahren gegen mich einleiten, und ich kam ihm zuvor, indem ich mein Beamtendasein aufkündigte.

Das Verfahren fürchtete ich nicht, auch wenn es mich an Inquisitionsprozesse erinnerte. Die »Ketzer« waren oft die besseren Christen, auch wenn sie verbrannt wurden. Aber was half mir der Vergleich? Politisch motivierte Disziplinarverfahren in der Mitte des 20. Jahrhunderts hatten mit der Inquisition nur gemein, daß sie in die Länge gezogen

191

wurden und den »Delinquenten« mürbe machen sollten. Ich kannte eine ganze Reihe solcher Verfahren (z. B. gegen Klara Maria Faßbinder, die Tante des bekannten Regisseurs) und wußte, wie zeitraubend sie gehandhabt wurden. Während des Verfahrens mußte der Beschuldigte sich in jeder Weise »zurückhalten«. Ich wäre also nicht in der Lage gewesen, mich an dem bevorstehenden Bundestagswahlkampf 1961 aktiv zu beteiligen. Deswegen hing ich meinen Beamtenstatus kurzerhand an den Nagel.

Viele meiner Freunde konnten es nicht verstehen, daß ich die Beamtenrechte so einfach wegwarf. Sie dachten an das Altersruhegeld, d. h. an Pensionsberechtigung, und das stets steigende Einkommen, das man gemäß der Dienstjahre bezog, ob man sie bequem absaß oder mit Fleiß erfüllte. Ich aber dachte nur an das kommende Jahr, in dem ich mich nicht auch noch wegen des Disziplinarverfahrens mit Instanzen, Justitiaren und Rechtsanwälten herumschlagen wollte. Auch war ich es müde, auf dem Instanzenweg in Kleinkriege verwickelt zu werden, nur um zwanzig Jahre später in den Genuß einer Beamtenpension zu kommen. »Hic Rhodos, hic salta«, sagte ich mir und wußte außerdem, daß ich mir den Lebensunterhalt auch »freiberuflich« verdienen konnte, fing daher unverzüglich an, in Zeitschriften und Zeitungen zu schreiben.

Vorerst spannte mich mein politischer Freundeskreis aber gnadenlos für die Gründung von Landes- und Ortsverbänden der DFU ein. In Düsseldorf, Hamburg, München, Karlsruhe, Frankfurt, Hannover, Kassel, Stuttgart, Mannheim und anderen Städten mußten Vorträge und Reden gehalten werden, und beinahe täglich hatte ich von Wuppertal nach Köln zu fahren, wo die Hauptgeschäftsstelle der DFU eingerichtet worden war.

Zum Glück wurde mir von Freundesseite ein Mercedes mit Fahrer zur Verfügung gestellt. Der Chauffeur, Erwin Kolberg, war eine Seele von Mensch, unerschütterlich treu, fürsorglich und gleichbleibend freundlich. Das Auto aber war ein Diesel, das mir ein für allemal die Liebe zu dem im Zylinder gebildeten Kraftstoff-Luft-Gemisch ausgetrieben hat. Ich kann nicht behaupten, daß ich in den ersten Monaten des Jahres 1961 an dem Mercedes-Diesel Spaß finden konnte oder die DFU-Veranstaltungen mich enthusiasmiert hätten. Zwar gab ich mir Mühe, an jedem Ort meinen Vortrag anders zu gestalten, fand auch viel Zustimmung für das, was ich sagte, merkte aber, daß mich dieses neue Leben kolossal anstrengte. Ich atmete deshalb erleichtert auf, als Herbert Mochalski, der Chefredakteur von Niemöllers »Stimme der Gemeinde«, mir im Sommer eine Einladung zur Teilnahme an der Prager Christlichen Friedenskonferenz (CFK) überbrachte.

»Prag« – welch ein Zauber ging von diesem Wort aus! Prag war gleichbedeutend mit dem »Schwejk«, mit Kafka und Franz Werfel, gleichbedeutend auch mit dem Magister Johann Hus und Kaiser Karl IV., mit dem Hradschin, böhmischer Malerei, Mozart und Smetana. Ich war noch nie in der Tschechoslowakei gewesen, aber ich kannte Prag, als wäre ich dort beheimatet: die Straßen und Gassen, die Plätze und Kirchen des Mittelalters, die Weinstuben und Cafes der Habsburger Zeit. Ich konnte mich von den Zwängen der bundesrepublikanischen Gegenwart schon befreit fühlen, wenn ich nur an die Moldau dachte:

> Tief in der Moldau wandern die Steine.
> Es liegen drei Kaiser begraben in Prag.
> Das Große bleibt groß nicht
> Und klein nicht das Kleine.
> Die Nacht hat zwölf Stunden,
> Dann kommt schon der Tag.
> (*Bert Brecht*)

Es lag für mich viel Hoffnung in den Worten »Moldau« und »Prag«, in denen die Geschichte Böhmens und Mährens umschlossen war. Sie weckten aber auch die Erinnerung an die qualvolle jüngste Vergangenheit, als deutsche Besatzung das Land beherrscht hatte. Ich wollte Prag schon in meinen Kindertagen sehen (s. S. 10) und liebte es seit meiner Studienzeit. Und nun sollte ich dorthin reisen. Ich wußte, daß ich in ein kommunistisch regiertes Land fahren würde, in dem es aber auch Christen gab, die zu einer internationalen Konferenz einladen konnten. Die Einladung kam für mich im richtigen Moment.

Erleichtert packte ich meine Koffer und die getreue Holde Bischoff in meinen Peugeot, und ab ging es über Cheb (Eger) nach Praha (Prag).

Die Prager Christliche Friedenskonferenz (CFK) wurde mir zum großen und bleibenden Erlebnis. Ich traf dort zahlreiche Popen und Bischöfe der Russisch Orthodoxen Kirche, sah und sprach anglikanische Deans aus Großbritannien und Kanada, Geistliche aus den USA, Kanada, finnische, lettische, estnische und schwedische Lutheraner, amerikanische und britische Methodisten, afrikanische Protestanten, Calvinisten aus der Schweiz und Frankreich, eine kleine Gruppe von Lutheranern aus Österreich und den beiden deutschen Staaten. Ein evangelischer Pfarrer aus Italien war auch zugegen, die Geringfügigkeit des südalpinen Protestantismus dokumentierend. Erstmals sah ich in natura die Vielfalt der Kirchen, die sich »evangelisch« nennen. Das Fehlen von Katholiken war nicht verwunderlich, denn noch waren Papst Pius XII. (gest. 1958) und sein Dogma von der Himmelfahrt Mariä (1950) nicht vergessen.

Josef Hromádka, der während des Krieges als Theologieprofessor in Princeton und New York gelehrt hatte und 1947 nach Prag zurückgekehrt war, stand international in hohem Ansehen und begrüßte im Namen seiner »Kirche der böhmischen Brüder« die vielen Gäste aus dem Ausland. Als er mich in der Konferenz entdeckte, freute er sich

*In einer Arbeitsgruppe der Christlichen Friedenskonferenz
in Prag 1963*

herzlich, und wie es sich unter Slawen gehört, umarmte er mich »brüderlich«. Er und ich sollten uns auch in den nächsten Jahren bestens verstehen. Von besonderem Interesse aber waren für mich die »Orthodoxen« aus den Ostblockstaaten, zeigten sie mir doch ein Christentum, wie ich es bislang nur aus Büchern kannte. Ein junger Bischof der Russischen Orthodoxie fiel mir auf. Nikodim hieß er, war Ingenieur gewesen, ist danach Mönch geworden und zum Bischof aufgestiegen, um 1962 Metropolit von Ladoga und Leningrad (Petersburg) zu werden. Ich sollte ihn sehr schätzen lernen. Leider ist er früh und plötzlich gestorben, so daß ich ihn nicht mehr fragen konnte, warum er in den siebziger Jahren zu Gesprächen mit dem Vatikan nach Rom gereist ist.

In Prag erlebte ich, so oft ich nach 1961 dort gewesen bin, die Kirchengeschichte sozusagen »pur«, soweit sie Vatikan und Orthodoxie, Katholizismus und Protestantismus betraf. Die Menschen als Repräsentanten ihrer Kirchen regten mich dazu an, die theologischen Besonderheiten nachzuempfinden, in denen sie lebten. Ich wußte in Prag, wie wenig ich wußte.

Noch war diese große CFK-Tagung nicht zu Ende, als ich merkte, daß ich täglich schlechter laufen konnte und mit lähmenden Schmerzen auf der ganzen rechten Körperhälfte zu kämpfen hatte. Aber ich blieb guten Mutes und nahm auf der Rückfahrt sogar noch einen jungen Finnen mit, dem ich unterwegs den »Karlstein«, die berühmte Burg Karls IV., zeigen wollte. Sie war geschlossen, doch der herausgeklingelte Kustos erbarmte sich und ließ uns hinein. Es ist unglaublich, daß wir zu dritt die großartige Burganlage ganz allein für uns hatten und in allen Räumen so lange verweilen konnten wie wir wollten. »Die chymische Hochzeit des Christian Rosencreutz« an der Treppenwand betrachten und die vielen sakralen Edelsteine in der Heiligkreuzkapelle bewundern zu können, war ein einmaliges Geschenk. Wenn nur die Treppenstufen nicht so hoch gewesen wären! Sie ließen mich spüren, daß es mir plötzlich sehr an Kraft fehlte. Aber was kann man nicht alles leisten, wenn man nur Willen aufbringt. Begeistert und schweigsam fuhren wir zur Grenze.

Wieder in Deutschland setzten wir den Finnen an einem Bahnhof ab und suchten in Berneck Holde Bischoffs Mutter auf. Sie leitete ja ein Sanatorium (s. S. 98 f.), und also gab es auch einen Arzt, der – so hoffte ich – meine Schmerzen lindern könnte. Er untersuchte mich, runzelte bedenklich seine Stirn und riet mir, sofort in die Neurologische Abteilung der Würzburger Universitätsklinik zu fahren. Das tat ich auch am nächsten Tag und geriet an Professor Schaltenbrand, einen herzhaften Franken und berühmten Spezialisten. Die Konsultation war köstlich. »Sind Sie hart im Nehmen?« fragte er mich nach kurzer Untersuchung. Und als ich das bejahte, meinte er freundlich lächelnd: »Sie müssen hierbleiben. Sie haben mit an Sicherheit grenzender Wahrscheinlichkeit entweder Multiple Sklerose oder einen Tumor im Rückenmark.«

Gleich zitierte er eine der Nonnen, die Krankenpflegerinnen in der Klinik waren, und befahl ihr, ein Einzelzimmer bereitzustellen. Ich war wirklich »hart im Nehmen« und deshalb geistesgegenwärtig genug, um mir einige Tage zum Ordnen meiner Angelegenheiten zu erbitten und nach Berneck zurückzufahren.

Der liebevolle Zwang, der von Schaltenbrand und den Ordensfrauen ausging, war bedrückender als die Diagnose. Die gute Holde fuhr mich wieder nach Berneck, und das war ein Glück. Beinahe wie im Märchen erschien eine gute Fee im Sanatorium »Quelle«. Erika Hübner, eine Cousine von Ulrike, die Fürsorgerin in Kronach war, kam »zufällig« vorbei. »Schaltenbrand?« sagte sie. »Eine Koryphäe in Multiple Sklerose! Aber laß dich lieber erst im Kreiskrankenhaus röntgen und untersuchen, bevor du dich in seine Hände begibst. Bei ihm ist alles immer gleich MS.« Sie organisierte die Konsultationen eines Neurologen und eines Augenarztes in Kronach, und siehe da! Kein Tumor im Rückenmark und auch keine Veränderung im Augenhintergrund (typisch für MS). Ich kehrte nicht nach Würzburg zurück, leider aber verstärkten sich in den nächsten beiden Wochen die Lähmungserscheinungen. Ich konnte kaum noch gehen, und der rechte Arm versagte beim Schreiben. Was tun? Da ich »unterwegs« war und keinen anthroposophischen Arzt in Oberfranken kannte, kam ich auf den Gedanken, Herbert Hillringhaus anzurufen, auf dessen Zeitschrift »Die Kommenden« ich abonniert war. Er empfahl mir seine Frau, Dr. med. Ruth Jensen-Hillringhaus in Freiburg (Brsg.), und dann lief alles bestens. »Die Doktorin« besorgte mir ein Zimmer in der Riedberg-Klinik in Günterstal, wo die liebe Frau Wiegand (eine Wuppertalerin!) mir den schönsten Raum im Hause gab und mir Ruhe vor der neugierigen Presse verschaffte. Ich war dankbar und glücklich, in den geliebten Schwarzwald gekommen zu sein.

Was sollte die Krankheit bedeuten? Der steinerne Sarg von Saint Ceyriol auf Anglesey hatte vor dem Anfang meiner Wuppertaler Zeit gestanden. Jetzt war es der Riedberg und ein schönes, von Tannen umstandenes Haus, das Ende und Anfang sein sollte.

Dr. med. Ruth Jensen, schlank und zierlich, braungebrannt, sportlich und dennoch immer elegant gekleidet, brachte einen Hauch von Berliner Charité auf ihrem weißen Arztkittel mit, als sie mich beinahe berlinerisch mit den Worten begrüßte: »Na, Sie halbverhungerter Kater!« womit sie meinen Zustand treffend beschrieb. Mit wohltuender Nüchternheit und ohne falsches Mitleid begann sie eine umfassende Behandlung mit Wala- und Weleda-Präparaten. Gänzlich unbeeindruckt von Schaltenbrands Diagnose prophezeite sie mir aber eine mehrwöchige Dauer des Freiburg-Aufenthaltes. Daß daraus mehrere Jahre werden sollten, ahnten wir beide nicht, und auch nicht, daß aus der Konsultation eine Freundschaft entstand.

Erstaunt, aber nicht ohne Vergnügen stellte sie fest, daß ich »anthroposophisch offenbar nicht unbeleckt« wäre, und sie wurde nicht müde, nach den Ursachen der Lähmung zu suchen. Die Hinzuziehung anderer Ärzte, ein EEG und eine Kristallisation (die übrigens noch von Ehrenfried Pfeiffer beurteilt wurde) konnten den »Verdacht auf MS« nicht bestätigen, aber auch nicht völlig ausschließen. Die Erkrankung blieb rätselhaft, doch Ruth Jensen ließ sich nicht entmutigen und suchte nach immer neuen Wegen medizinischer Hilfe. Da sie prompt herausgefunden hatte, daß ich »anthroposophisch nicht unbeleckt« sei, lud sie mich zum Tee in ihr Haus ein, und damit geriet ich unweigerlich in die Fänge von Herbert F. Hillringhaus.

Immer auf der Suche nach persönlichen Freunden und nach Mitarbeitern an seiner Zeitschrift, kam ich Hillringhaus wie gerufen. Er war ein begeisterungsfähiger Anthroposoph, voller zündender Einfälle und momentaner Tatkraft. Spontaneität und Geschäftssinn konnten bei ihm eine nicht immer glückliche Symbiose eingehen. Ich werde ihm aber doch stets dankbar bleiben, daß er mir in einem Augenblick meines Lebens vorurteilsfrei entgegenkam, als ich in der bundesdeutschen Öffentlichkeit gründlich mißverstanden wurde. Wir stimmten in der Beurteilung der Weltsituation völlig überein und teilten unsere Sorgen um Mitteleuropas Zukunft. Es ergab sich eine gute Zusammenarbeit, die über etliche Jahre währen sollte. Um »Die Kommenden« und ihn nicht mit meinem umstrittenen Namen zu belasten, zeichnete ich meine Beiträge in der Rubrik »Blicke in das Zeitgeschehen« mit dem Kürzel »D. K.« (Die Kommenden), und die Leser waren es zufrieden. Niemand wußte, wer sich dahinter verbarg. Als dann aber das Jahr 1964 heraufzog und überall die 50. Wiederkehr des Kriegsbeginns von 1914 eine Rolle spielte, regte Hillringhaus mich zu einer längeren Stellungnahme an. Ich verfaßte die Serie »Mitteleuropa – Bilanz eines Jahrhunderts«, die alle vierzehn Tage in der Zeitschrift erschien und unverändert 1965 als Buch herausgebracht wurde. Ohne den Zwang des Drucktermins der Zeitschrift hätte ich es wohl nicht so zügig verfaßt, und ohne Herbert Hillringhaus' Drängen würde ich mich kaum noch an das schwierige Thema herangewagt haben. Statt des Kürzels »D. K.« war nun mein Name notwendig geworden. Und da das Buch eine ausgezeichnete Rezension durch Sebastian Haffner erhielt, setzte es sich auch gut ab. Im Laufe der Zeit hat es mehrere Auflagen erlebt.

Begonnen hat meine Zusammenarbeit mit Hillringhaus aber schon 1961, als ich krank auf dem »Riedberg« lag und Ruth Jensen unverzagt die Lähmungserscheinungen bekämpfte. Für die Besserung meines Zustandes gab es eine Hoffnung: die Heileurythmie. »Meine Doktorin« zögerte jedoch, sie mir zu verordnen. Schlicht und einfach erklärte sie, man müsse warten, bis die Heileurythmistin Daniela Armstrong aus ihrem Urlaub zurückgekehrt sei. Das wäre die einzige, der sie es zutraute, mit mir und meinen Ansprüchen fertigzuwerden. Also wurde gewartet, und das Warten hat sich gelohnt. Eines schönen Augusttages sah ich Daniela den Weg zum Riedberg hinaufschreiten: selbstsicher, bestens gekleidet, zielstrebig und heiter. Das war kein heileurythmisches »Seelchen«, wie ich gefürchtet hatte. Es war rundum ein weltoffener Mensch.

Therapeutische Bewegungsübungen konnte sie nur sehr begrenzt mit mir machen, weil ich ja kaum gehen oder stehen konnte, aber ihre Heileurythmie wirkte dennoch Wunder. Langsam und sehr allmählich lernte ich ein wenig zu gehen und konnte nach einem Vierteljahr sogar schon wieder den gelähmten rechten Arm zum Schreiben gebrauchen. Dr. Jensens Empfehlung war also goldrichtig gewesen. Ohne es zu ahnen, hatte sie außerdem eine freundschaftliche Beziehung gestiftet, die bis heute noch dauert. So hatte auch diese Krankheit einen guten Sinn. Sie führte mich auf den Weg zurück, den ich unterbrochen hatte, als die beiden Anthroposophen auf der Busfahrt nach Wildeshausen (s. S. 102) meine jugendliche Begeisterung für das Goetheanum so jäh zerstörten. Daniela brachte mich wieder zum Dornacher »Hügel« zurück, und meine »Doktorin« samt Herbert Hillringhaus vermittelten mir eine neue Sicht der anthroposophischen Dinge. Das war 1961 von besonderer Bedeutung.

In diesem Jahr fanden nämlich Bundestagswahlen statt, bei denen die Deutsche Friedensunion (DFU) sehr schlecht abschnitt. Mit ihren Gedanken einer Verständigungspolitik konnte sie angesichts des Mauerbaus der DDR keinen Erfolg haben. Meine rätselhaften Lähmungserscheinungen hatten es von vornherein unmöglich gemacht, daß ich mich aktiv an dem sehr unfair geführten Wahlkampf beteiligen konnte. Ich war froh darüber, denn selbst bei völliger Gesundheit würde ich ihn nicht überstanden haben, ohne Schaden an meiner Seele zu nehmen. Mein persönliches Schicksal hatte mich völlig davon befreit, in die Schlammschlachten des damaligen Wahlkampfes einsteigen zu müssen. Statt dessen baute sich in der Riedberg-Klinik eine neue (und doch alte) Welt für mich auf. Die Zusammenarbeit mit Hillringhaus und der Heileurythmistin Daniela Armstrong ließ mich 1962 nach Gundelfingen bei Freiburg übersiedeln und wieder in ein engeres Verhältnis zur Anthroposophischen Gesellschaft treten.

Diese Gesellschaft war nach wie vor tief zerstritten. Durch Hillringhaus sollte ich das bald eindringlich erfahren. Unabhängig von seiner Zeitschrift hatte er einen Freundeskreis um sich versammelt, der sich des öfteren in Freiburg traf. Lauer, Hessenbruch, Poeppig, Maikowski, Kayser, Schubert, Schlieper, Oberkogler, Böhm, Wehr,

Marti und Schachenmann habe ich dort kennengelernt. Ihre auf hohem geistigen Niveau geführten Gespräche gaben mir Einblicke in den damaligen Zustand »der Gesellschaft«. Sie war unverändert tief gespalten. Die Persönlichkeiten, die sich im Freiburger Redaktionszentrum der »Kommenden« trafen, waren allesamt »Nachlaß«-Leute. Sie standen also zu Marie Steiner und der »Nachlaßverwaltung«, der die Herausgabe des Vortragswerks Rudolf Steiners zu danken ist. Dadurch standen sie im Gegensatz zu den zahlreichen Verehrern Albert Steffens, des damaligen Ersten Vorsitzenden der Anthroposophischen Gesellschaft. Obwohl der Freundeskreis um Hillringhaus in dem sogenannten »Nachlaßstreit« viele unschöne Erfahrungen gesammelt hatte, fiel mir die grundsätzliche Anerkennung Steffens durch fast alle Teilnehmer dieses Kreises auf.

Mit Dr. Conrad Schachenmann aus Basel entwickelte sich eine besonders tragfähige Basis der Übereinstimmung, die weit über meine Freiburger Jahre (bis 1967) hinausgehen sollte. Seine Frau Justina war die Tochter Teicherts, der mit Edwin Froböse befreundet gewesen ist. Wenn man sich in der Geschichte »der« Gesellschaft ein wenig auskennt, weiß man, daß mit diesen beiden Namen die Brücke zu Marie Steiner (gest. 1948) hergestellt ist. Eine Zeitlang war Schachenmann mein »Renommier-Kapitalist«, von dem ich gerne allen meinen Bekannten erzählte. Als juristischer Berater eines bedeutenden Erfinders war er zu großem Reichtum gekommen, hatte aber alles Geld in eine Stiftung verwandelt und lebte persönlich in großer Bescheidenheit. Seiner »Humanus-Stiftung« sollte ich später zu Dank verpflichtet sein. Sie unterstützte in den siebziger Jahren meine Bemühungen um die Wiederbelebung des Gedankengutes der ersten »Goetheanisten« und half bei der Drucklegung der Schriften von Carus, Preuß, Ennemoser, Feuchtersleben und Passavant, die in einer Gemeinschaftsproduktion dreier Verlage

202

(Urachhaus, Freies Geistesleben, Die Pforte) erschienen sind.

Das alles lag noch in weiter Ferne, als er Anfang der sechziger Jahre in meinen Gesichtskreis trat. Unsere Lebenswege sollten sich noch mehrmals kreuzen. Er stand mir innerlich bei, als nach 1970 die Hetzjagd auf Ulrike Meinhof begann und ich selbst in der Schweiz ihretwegen von der Polizei verhört wurde. Vor allem aber bewährte sich unsere Freundschaft, als er 1974/75 das Seniorenheim »Johanneshaus« in Niefern-Öschelbronn gründete und ich in den Anfangsjahren allmonatlich zu Vorträgen dort hinkam und auch eine »Goetheanisten-Arbeitsgemeinschaft« leiten konnte.

Blicken wir noch einmal auf die Jahre zurück, in denen ich in Freiburg lebte und Bekanntschaft mit Schachenmann und dem Kreis um Hillringhaus gemacht habe. In jene Zeit fällt das hinsichtlich meiner Mitgliedschaft in der Anthroposophischen Gesellschaft so überraschende Ereignis, von dem im Zusammenhang mit den Streitschriften um die »Nachlaßfrage« schon die Rede war (s. S. 64 f.) und das mir meine schon über zwanzig Jahre währende Mitgliedschaft offenbarte. Damals war ich baß erstaunt, und die Freunde im Freiburger Kreis um Hillringhaus lachten noch lauter als Daniela Armstrong. So etwas konnte wohl nur mir passieren.

»Alles Getrennte findet sich wieder«, sagte ich mir, an Hölderlin denkend, und bin »freistehend« geblieben. Aber trotz alledem wollte und mußte ich meinen Prager Freunden und der Christlichen Friedenskonferenz treu bleiben. In Prag hatte sich mir 1961 die körperliche rechtsseitige Lähmung gezeigt, die mich auf Umwegen wieder auf meine Lebensbahn setzen sollte. Die Treue zu den Pragern aber wollte ich bewahren. Durch sie hatte ich die Breite und Tiefe christlicher Glaubenserfahrung in den verschiedenen nichtrömischen Kirchen kennengelernt

203

und mich fortan in ihre Theologie vertieft. *Moskau und der Vatikan* (Frankfurt 1964) hieß das Buch, mit dem ich die Ergebnisse meiner Studien über die Russisch-Orthodoxe Kirche nach meiner Begegnung mit ihren Vertretern auf der Prager Friedenskonferenz niederschrieb. Und *Jan Hus – Reformation hundert Jahre vor Luther* (Frankfurt 1965) war der Dank an die tschechischen Brüder, die in der Tradition des großen Böhmen christliches Selbstverständnis in einem kommunistisch orientierten Staat vor der ganzen Welt demonstrierten.

Herbert Mochalski (s. S. 158) war es, der beide Bücher in seinem »Stimme-Verlag« herausbrachte. Er ist es auch gewesen, der mich 1966 nach Sofia mitnahm, wohin die Bulgarische Orthodoxe Kirche die tätigen Mitglieder der Prager Christlichen Friedenskonferenz zu Beratungen einlud. Ich war Vorsitzende der »Kommission für internationale Fragen« geworden – ein extraordinärer Fall bei der frauenfeindlichen Haltung der orthodoxen Hierarchie. Aber die Orthodoxen hatten die Mauer zur Moderne übersprungen und ließen sich bei ihrer Arbeit von mir leiten. Es waren vor allem die Russen, die mich bei der Kommissionsarbeit kräftig unterstützten.

In der Frage der Trinität (Gott Vater, Sohn und Heiliger Geist) hatte ich ihr Vertrauen gewonnen, als es den »Westlern« sehr schwerfiel, das Verhältnis der Russen zur dritten Person der Gottheit zu verstehen und die Identität der »heiligen Sophia« mit dem Geistgott zu erkennen. Die »Westler«, das waren die Theologen aus den protestantischen Kirchen, die ihre Lehre auf Luther und Calvin gründeten und in ihrem Christentum den Heiligen Geist nur mühsam zur Geltung bringen konnten. Ich erinnere mich noch an ein Gespräch mit dem großartigen holländischen Professor Albert Rasker von der Universität Leiden, der mir seine Schwierigkeiten auf der Suche nach der »heiligen Sophia« des öfteren gestanden hat, wenn wir uns auf den

*Mit dem russischen Filmregisseur Gerassimow 1966
in Nürnberg*

205

mehrmaligen Prager Friedenskonferenzen trafen und austauschen konnten. Mir fiel es immer leichter, die Anliegen der Russen zu verstehen, die auf den Folgekonferenzen zu Prag I (1961) ihre Referate oft mit Betrachtungen über den Heiligen Geist begannen.

Diesen Betrachtungen verdanke ich meine Beschäftigung mit der frühen Christenheit und dem Streit auf dem 7. ökumenischen Konzil von Konstantinopel (869), auf das Rudolf Steiner so oft verwiesen hat. Letztendlich erwuchs daraus das Buch *Glaube, Dogma, Macht – Geschichte der Konzilien* (Stuttgart 1985), zu dem ich durch Gespräche mit Kurt von Wistinghausen angeregt wurde. Doch bis dahin war es noch ein weiter Weg.

Auf der Sofioter Konferenz (1967) war es geschehen, daß Mochalski mich darum bat, in seinem Frankfurter Verlag als Lektorin mitzuarbeiten. Er stach mit diesem Vorschlag genau in die Lücke, die sich gerade in meinem Leben aufgetan hatte.

Immer von dem Zwang abhängig, meinen Lebensunterhalt zu verdienen, schien mir sein Vorschlag annehmbar zu sein. Mit Hillringhaus war es zu Differenzen wegen der Anschaffung einer Bibliothek gekommen. Sie stammte aus dem Erbe von C. S. Picht und sollte verkauft werden. Die »Picht-Bücherei« enthielt viele selten gewordene Werke aus dem Umkreis der ersten »Goetheanisten« vom Beginn des 19. Jahrhunderts. Sie waren von Picht gesammelt worden, nachdem er Schüler Rudolf Steiners geworden war und dessen Liebe zum mitteleuropäischen Geistesleben aufgenommen hatte. Er ging den Angaben nach, die man in »Vom Menschenrätsel« (GA 20) finden kann, und erweiterte ihre Anzahl aufgrund seiner persönlichen Gespräche mit dem Geistesforscher. Auf diese Weise war eine einzigartige Bibliothek zusammengekommen, die Hillringhaus von den Erben Pichts angeboten wurde, von ihm aber nicht bezahlt werden konnte.

Wendig und geschickt, wie er nun einmal war, veranlaßte er mich, die hohe Summe als unverzinsliches Darlehen von meinen Oldenburger Freunden zu erbitten. Sie gewährten es mir auch in der Erwartung, daß die »C. S. Picht-Bücherei« eine unschätzbare Arbeitsgrundlage für mich sein könne. Die Bibliothek wurde nach Freiburg transportiert, war aber umfangreicher als er angenommen hatte. Provisorisch wurden die vielen Bücher in Nebenräumen des »Kommenden«-Verlags untergestellt, und Hillringhaus verlangte nun von mir, daß ich sie neu ordnen und katalogisieren solle, mich vor allem aber um ihre Unterbringung kümmern müsse, weil ich sie ja erworben hätte. Die »Picht-Bücherei« war ein kostbarer Schatz, aber ich war ob der Bücherfülle schier verzweifelt, weil meine physischen Kräfte dieser schwierigen Arbeit nicht gewachsen waren. Bücher zu heben und zu rücken war Schwerarbeit für einen lahmen Menschen, dem nur ab und zu ein Student beisprang. Es kam zum Bruch mit Hillringhaus.

Seine Frau, die meine Ärztin war, sah meine physische Überanstrengung mit Sorge, aber ihre Spritzen konnten mir da nicht viel helfen. Sie befand sich selber in einer heiklen menschlichen Situation, die ihr ein Eingreifen zu meinen Gunsten unmöglich machte. Ich mußte ihr Ade sagen und begab mich in die Behandlung von Dr. Kurt Marti in Basel. Den Bruch mit Hillringhaus ließ ich sie nicht spüren, aber ich konnte ihre medizinische Hilfe nun nicht mehr in Anspruch nehmen. Unsere freundschaftliche Beziehung hat darunter nicht oder nur sehr vorübergehend gelitten.

Marti, dieser hervorragende Arzt, übernahm meinen »komplizierten Fall« und hat dann zwanzig Jahre – bis zu seinem Tode 1985 – dafür gesorgt, daß ich leben und überleben konnte. Er hielt von der Apparatemedizin ebenso wenig wie Ruth Jensen, war von seltener Hellfühligkeit und hat mir nie etwas verordnet, von dem er wußte, daß ich es wahrscheinlich doch nicht nehmen würde. »Halten Sie doch mal Vorträge in Holland«, hatte er mir gesagt, und daran mußte ich denken, als ich einige Jahre später zu Referaten nach Den Haag und Amsterdam fuhr.

Einen verständnisvolleren Arzt hätte es für mich nicht geben können. Er war auch mit Dr. Conrad Schachenmann gut bekannt, der mir 1966 die Sorge um mein Darlehen für die »C. S. Picht-Bücherei« abnahm. Seine »Humanus-Stiftung« erwarb diese kostbare Büchersammlung, die in Dornach neben der Privatbibliothek Rudolf Steiners Aufnahme fand. So ist der Bruch mit Hillringhaus nicht als offene Wunde zurückgeblieben. Ich habe ihn nie wieder gesehen, aber wir haben bis an sein Lebensende (1987) miteinander korrespondiert, fühlten wir uns doch immer wieder in dem gemeinsamen Bemühen um die Erkenntnis der Weltlage im Sinne der »Geschichtlichen Symptomatologie« verbunden.

An die Jahre, die ich in Freiburg verbringen durfte, denke ich gerne zurück, auch wenn sie mit mancherlei Schwierigkeiten bestückt waren. Als ich 1967 Freiburg verließ, drehte ich mich beim Abfahren nicht um, so gerne bin ich dort gewesen!

In Sofia war die Entscheidung gefallen, die mir durch meine Enttäuschung über die unglücklich erworbene »Picht-Bücherei« erleichtert wurde. Ich packte meine Sachen zusammen und nahm Kurs auf Hessen, wo mich in Eppenhain im Taunus schon eine Wohnung erwartete. Doch der Taunus, dieses »Hausgebirge« der Frankfurter, war nicht der Schwarzwald, von dem ich wußte, daß ich ihn stets vermissen würde. Ihn mußte ich nun zurücklassen und mit ihm die Erinnerung an Gundelfingen, das kleine Dorf dicht bei Freiburg, wo auf der Gartenwiese Ulrikes Zwillinge, Regine und Bettina Röhl, herumgekrabbelt waren und ihre ersten Schritte machten. Gleich mehrmals waren sie in ihren ersten beiden Lebensjahren zu mir gebracht und von Holde Bischoff liebevoll betreut worden. Ihre Mutter, die Kolumnistin bei »Konkret«, hatte in der Schwangerschaft eine Geschwulst am Gehirn bekommen, und bevor diese operiert werden konnte, mußten die Kinder durch Kaiserschnitt geboren werden. Ulrike hatte nach dem Tod ihrer Mutter zu mir gesagt: »Jetzt haben wir nur noch dich!« und so war es selbstverständlich, daß sie die Zwillinge bei mir »abgab«, bevor sie sich der Kopfoperation unterzog. Genauso wie ich mich um das Waisenkind Ulrike kümmerte und es großwerden sah, wuchsen auch ihre Zwillinge heran und hielten den Kontakt zu mir, umsorgt hat die beiden Kleinkinder aber vor allem »die Holde«, wenn sie in Gundelfingen waren.

Zurücklassen mußte ich auch den Pfälzer Werner Altes, der in Gundelfingen als mein Sekretär gelebt und gearbeitet hat. Das *Mitteleuropa*-Buch war hier entstanden und ist von ihm getippt worden. Er ging in die Pfalz zurück und hat dort geheiratet. Einen solch zuverlässigen Mitarbeiter habe ich nie mehr gehabt.

In Hessen, das ich aus meiner Weilburger Zeit schon so gut kannte, sollte ein anderes Leben beginnen. Als Lektorin im Frankfurter »Stimme«-Verlag betrat ich physisch wie geistig ein gut bekanntes Gelände. Ich nahm Wohnung im Taunus, und in Frankfurt tauchte ich in die Welt der evangelischen »Bruderschaften« und der »Bekennenden Kirche« um Niemöller ein, ohne dabei das Goetheanum in Dornach zu vergessen. Herbert Mochalski bot mir gute Arbeitsbedingungen und ließ mich an seinem Freundeskreis teilnehmen, in dem ich alte Namen wiederfand und neuen begegnete. Erica Küppers, eine welterfahrene Theologin und befreundet mit der Anthroposophin Pauline Kredel, der Schwester Niemöllers, wurde mir zum Bindeglied zwischen Gestern und Morgen. Sie war eine tragende Säule in Verlag und Zeitschrift. Die anderen Mitarbeiter der »Stimme der Gemeinde«, die Professoren Karl Linke und Hans Werner Bartsch, halfen mir dank ihrer Weltoffenheit und doch festverwurzelten Theologie, die jüngste Entwicklung innerhalb der evangelischen Kirche zu begreifen.

Mochalski, der auf den Tagungen der Prager Christlichen Friedenskonferenz mit mir oft genug im »gleichen Boot« gesessen hatte, ließ mir große Freiheiten im Denken und Handeln. Er und die anderen Redaktionsmitglieder standen mir freundschaftlich zur Seite, als »meine« Ulrike (Meinhof) in den Strudel der Studentenrevolte von 1968 geriet und durch ihre Kolumnen in der Zeitschrift »Konkret« öffentliches Interesse erregte.

Ulrike stand seit ihrem sechsten Lebensjahr in sehr engem Kontakt zu mir, ließ mich an allen Höhen und Tiefen ihres Kinder- und Jugendlebens teilnehmen und tauchte bei jeder nur denkbaren Gelegenheit bei mir auf. Es gab wohl nichts in ihrem Dasein, wovon sie mich nicht wissen ließ. Ich kannte ihre amourösen Abenteuer und weltanschaulichen Probleme. Eine mißlungene Verlobung mit einem sehr sympathischen Atomphysiker, der obendrein Katholik war, gehörte ebenso dazu wie ihre spätere Schwäche für den Maoismus und ihre Verbindung mit Klaus Röhl, dem Herausgeber der Studentenzeitschrift »Konkret«. Die Nähe zu mir drückte sich am sichtbarsten wohl darin aus, daß sie mit Klaus Röhl im Winter 1961 zu mir kommen wollte, bevor sie mit ihm aufs Standesamt ging. Sie mußten umkehren, die Straßen waren plötzlich vereist. Waren es die »bürgerlichen Eierschalen«, die Ulrike wünschen ließen, mich mit Klaus aufzusuchen? Vielleicht hatte das aber tiefere Gründe. Sie erzählte mir später, Klaus habe sich kirchlich trauen lassen wollen, und Niemöller sollte den Segen spenden. Das aber hatte sie kategorisch abgelehnt. Ob ich das verstünde? Natürlich verstand ich es. Ihr war der sakramentale Charakter der Trauung bewußt; sie wollte ihn nicht zum Theater machen lassen und der Presse ausliefern, die auf solch billige Effekte nur wartete. Im Unterschied zu Klaus lebte in ihr eine tief christliche Stimmung, die sich auch in ihrem Bemühen um vernachlässigte Heimkinder und ihrem »Bambule«-Drehbuch äußerte.

Ulrike war nach den beiden Operationen nie mehr, was sie vorher gewesen war. Ihr heller Verstand und ihre flotte Feder konnten sie in der beginnenden Studentenrevolte zwar sehr bekannt machen, aber sie war gesundheitlich schwer angeschlagen. Als sie mich Ende 1969 besuchte, sah ich sie zum letzten Mal.

Im Frühjahr 1970 rief ihre Schwester Wienke mich an, um mir von dem Steckbrief zu berichten, der überall aushing. Ich hielt den Atem an und ahnte nichts Gutes. Von der politischen Hetzjagd, die nun begann, waren alle Freunde Ulrikes betroffen, und erst recht ich. Daß Kriminalbeamte mich im Morgengrauen in meiner Eppenhainer Wohnung aufsuchten und verhörten, war nur eines der vielen hektischen Unternehmen, mit denen die Verfolgung der »Baader-Meinhof-Bande« begann. Ulrikes Verhaftung erfolgte am 15. Juni 1972, als ich schon vom Taunus an die Bergstraße bei Darmstadt umgezogen war. Während ihrer Gefangenschaft in Hamburg und Stammheim lehnte sie jeden Kontakt mit mir ab. Und ich verstand, warum sie das tat. Ich hätte an ihrer Stelle nicht anders gehandelt und die Konfrontation mit einem geliebten Menschen aus einer besseren Vergangenheit gemieden. Was ich von Ulrike und über sie zu sagen weiß, habe ich bereits geschrieben (s. S. 72 ff.) und möchte es nicht wiederholen.

Während sie noch von der Polizei gesucht wurde und ständig ihre geheimen Unterkünfte wechselte, standen mir Herbert Mochalski und die anderen Redaktionskollegen durch ihr verständnisvolles Schweigen zu den Poli-

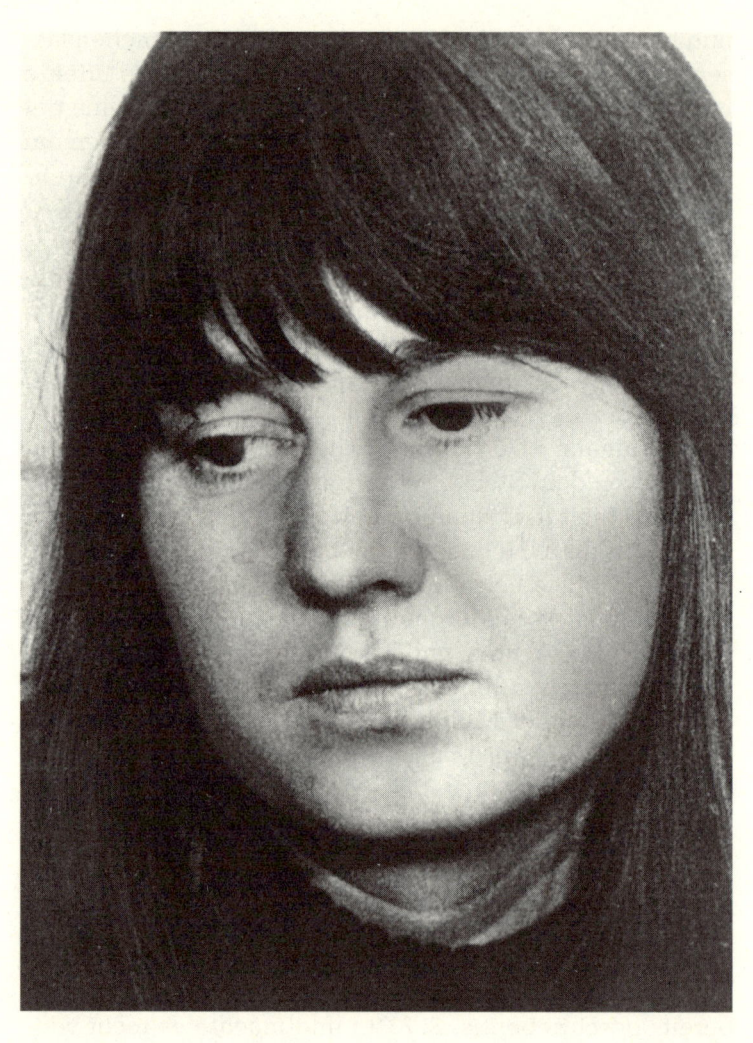

Ulrike Meinhof

zeiaktionen freundschaftlich zur Seite. Dafür danke ich ihnen noch heute. Sie gaben mir dadurch die Möglichkeit, gelassen und unbeirrt weiterzuarbeiten. Ich schrieb ein kleines Buch über Johann Amos Comenius, den letzten Bischof der vertriebenen böhmischen Brüderkirche, der im allgemeinen nur als großer Pädagoge und Verfasser des »Orbis Pictus« berühmt ist. *Der andere Comenius* nannte ich die Arbeit (Frankfurt 1970). Seine Flucht vor den Mächtigen der Welt gab mir im Blick auf Ulrike Hoffnung und Trost.

Als Ulrike schon verfolgt wurde, aber noch auf freiem Fuß war, verlieh mir die Lutherische Fakultät in Budapest die theologische Ehrendoktorwürde. Zu dem festlichen Akt der Verleihung reiste ich im Herbst 1971 nach Ungarn. Die Fahrt durch das in reifen Weintrauben glänzende Burgenland war eine herrliche Erholung von dem politischen Getriebe rund um Frankfurt. Professor Pálfy, der Budapester Alttestamentler, auf dessen Einladung hin ich schon 1969 in Ungarn vor Studenten über »Dreigliederung« sprechen konnte, hatte mich wohl der Fakultät für die Auszeichnung vorgeschlagen. Es war mir eine Freude, die große Festversammlung um meinetwillen Luthers Choral »Ein feste Burg ist unser Gott« singen zu hören. So weit reichte die deutsche Reformation nach Ostmitteleuropa hinein, daß man Luthers Worte, ins Ungarische übersetzt, noch 1971 hören konnte!

Die Frankfurter Redaktionskollegen freuten sich mit mir. Aber auch Conrad Schachenmann teilte diese Freude. Er half mir durch seine freundschaftliche Teilnahme an meinem, mit Ulrikes Leben verknüpften Geschick, die schwierige Situation zu bewältigen.

In seinem eigenen Leben bahnte sich gerade eine Wende an. Er trug sich mit dem Gedanken, nach Beendigung seiner bisherigen Arbeit ein Seniorenheim zu gründen und neue Wege für die »Lebensgestaltung im Alter« einzuschlagen. Dieser Aufgabe widmete er Anfang der siebziger Jahre viel Zeit und Kraft. An seinen Überlegungen konnte ich nach meiner Rückkehr aus Ungarn in vielen Gesprächen teilnehmen. Meine zahlreichen Fahrten nach Dornach, wo ich immer in Danielas Wohnung Unterkunft erhielt, gipfelten häufig in langen Unterredungen mit Schachenmann, der in Basel lebte und dort auch seinen Verlag »Die Pforte« betreute. Der Plan für ein anthroposophisch orientiertes Seniorenheim verdichtete sich zur Realität, als Conrad Schachenmann das »Johanneshaus« in Niefern-Öschelbronn bei Pforzheim entstehen lassen konnte. Er hatte es als fertigen Bau nach zähen Verhandlungen übernehmen können, und man mußte sich damit abfinden, daß es als gähnend leerer Betonklotz in der Landschaft herumstand. Es mußte mit Leben erfüllt werden, und Schachenmann hatte schon einige Vorstellungen für die Aufbauphase entwickelt, an der ich teilnehmen konnte.

Die ersten Bewohner zogen im Herbst 1974 in ihre Appartements ein, und allmählich füllte sich das Haus. Schachenmann wollte die Ankömmlinge durch eine kleine Schrift mit ihrer neuen, fremden Umgebung vertraut machen, und so schrieb ich für die neuen »Öschelbronner« einen Begrüßungstext, *Umgeben von großer Geschichte*, der im Pforte-Verlag herausgebracht wurde. An der Grenze zwischen dem alten fränkischen und dem alemannischen Sprachgebiet gelegen, erschien mir der Text vorgegeben zu sein. Die in der kleinen Broschüre genannten Orte wurden seit 1975 das beliebte Ziel allmonatlicher Exkursionen im Sommer, die von mir organisiert und geleitet wurden. Am begehrtesten war und blieb das nahe Zisterzienserkloster Maulbronn, wo ich immer meiner Liebe zum Mittelalter und seiner Architektur fröhnen konnte. Es waren aber nicht nur die Exkursionen, die mich ins »Johanneshaus« fahren ließen. Mit Schachenmann war die Einrichtung einer Arbeitsgemeinschaft mit solchen Senio-

214

Im Jahr 1972

ren verabredet worden, die sich in der Lage fühlten, wissenschaftliche Arbeiten übernehmen zu können. Es machte ihnen großen Spaß, sich im hohen Alter wie Doktoranden an einem Thema zu versuchen. Unser Thema waren die vergessenen frühen »Goetheanisten« (s. S. 202f.), die mit großer Sorgfalt aus Bibliotheken beschafft und für eine spätere Drucklegung bereitgestellt wurden. Die Leistungsfähigkeit der Öschelbronner »Goetheanisten-Gruppe« versetzte mich in Erstaunen und Bewunderung. Ich fand meine pädagogische Überzeugung bestätigt, daß der Mensch lernfähig bleibt, solange er lebt und geistig schaffen kann.

Meine Tätigkeit im »Johanneshaus« brachte es mit sich, daß Verbindungen zum Goetheanum reaktiviert werden konnten und der Stuttgarter Verlag Urachhaus in meinen engeren Gesichtskreis trat. In der Priesterbildungsstätte in Stuttgart wurden mir dank der Vermittlung Kurt von Wistinghausens mehrmals Arbeitsgemeinschaften übertragen, und in Dornach konnte ich einige Male im »Studienjahr« mitwirken.

So viel und so wenig aus meinen Lebenserinnerungen.

Die Russin Alexandra Kollontai (1872−1952) hat ihren autobiographischen Aufzeichnungen den Titel gegeben: »Ich habe viele Leben gelebt«. Mit der Kollontai habe ich nichts gemein. Aber im Rückblick auf meine Vergangenheit möchte ich ihren Titel für mich in Anspruch nehmen und, ihn abwandelnd, sagen: »Auch ich habe viele Leben gelebt«.

Personenregister

220

Buchveröffentlichungen

Helferich Peter Sturz, Hamburg 1946

Freunde und Helfer der Menschheit, Oldenburg 1949f.

Kleiner Geschichtsatlas, Oldenburg 1950ff.

Geschichte im Überblick (Hrsg.), 4 Bde, Oldenburg 1951ff.

Zeitenwende – Europa und die Welt seit 1945, Oldenburg 1957

Geschichte für die Jugend, 4 Bde, Stuttgart 1959f.

Moskau und der Vatikan, Frankfurt am Main 1964/65, Basel ²1983

Mitteleuropa – Bilanz eines Jahrhunderts, 1965, Frankfurt am Main ²1981

Jan Hus – Reformation hundert Jahre vor Luther, Frankfurt am Main 1965, Basel ²1980

Der andere Comenius – Böhmischer Brüderbischof, Humanist und Pädagoge, Frankfurt am Main 1970

Beispiele goetheanischen Denkens – Der Mensch als geistiges Wesen, Basel 1974

Gottfried Arnolds Unparteyische Kirchen- und Ketzer-Historie (Hrsg.), Leipzig 1975

Glaube, Dogma, Macht – Geschichte der Konzilien, Stuttgart 1985

Verstoßen, verfemt, verbrannt – Zwölf Ketzerschicksale aus acht Jahrhunderten, Stuttgart 1986

1789 – Heroischer Aufbruch und Herrschaft des Schreckens, Stuttgart 1988

Bildnachweis

Renate Riemeck

Glaube – Dogma – Macht
Geschichte der Konzilien
336 Seiten, 1 Farbtafel, Leinen

Diese Geschichte der Konzilien ist zugleich eine Entwick-
lungsgeschichte des Christentums, vom Urchristentum
über die Ausbildung des Papsttums bis zu Reformation,
Gegenreformation und dem Unfehlbarkeitsdogma von
1870. Setzte die Kirche in den ersten Jahrhunderten noch
geistige Wegmarken, so geriet sie seit ihrer Allianz mit
dem Kaisertum zu einem führenden machtpolitischen Fak-
tor, während ihr zugleich wesentliche geistige Entwick-
lungen entglitten.

War Konzilsgeschichte bislang eine Domäne katholischer oder evangelischer Dogmatik und Kirchengeschichte, so läßt Renate Riemecks überkonfessioneller
Blick europäische Geistesgeschichte anschaulich und lebendig werden, an der die Kirche führend mitgestaltete.
Sie beeinflußte ihre Geschicke intimer und folgenreicher,
als dies gemeinhin bewußt ist.

»Die Konzilsgeschichte von Renate Riemeck gibt nicht nur
die erforderlichen Urteilsgrundlagen kirchlicher Vergangenheit. Diese Geschichte ist reichlich belegt und vor allem lebendig und anschaulich geschrieben. Zudem eröffnet das Buch Einsichten in das Werden Europas, indem die
Autorin die Einzeldaten und Prozesse als Symptome tiefer
liegender Tatbestände transparent werden läßt.«

(Gerhard Wehr)

Urachhaus

Renate Riemeck

1789
Heroischer Aufbruch und Herrschaft des Schreckens

228 Seiten, kartoniert

Die Französische Revolution von 1789 ist Urbild aller revolutionären Ereignisse geblieben, in der emphatischen Stimmung des Aufbruchs sowohl wie in den Schrecken des folgenden Terrors der Jahre 1793/94. Renate Riemeck geht mit der Geschichte dieser Jahre diesem Umschlag nach, indem sie über die dokumentierten Abläufe hinaus das Panorama der tragenden Gedanken, Vorstellungen und der herausragenden Persönlichkeiten ausbreitet, uns an ihren Motiven und Erlebnissen Anteil nehmen läßt.

Renate Riemeck

Verstoßen – verfemt – verbrannt
Zwölf Ketzerschicksale aus acht Jahrhunderten

132 Seiten, 11 Abbildungen, kartoniert

Zwölf exemplarische Schicksale kennzeichnen zugleich die menschliche Tragik und geistesgeschichtliche Bedeutung jener besonders engagierten Christen, die verstoßen, verfemt und verbrannt wurden, weil sie ihrer Zeit voraus waren. Die hier behandelten Ketzer waren konsequente Christen, denen die wahre und lebendige Kirche am Herzen lag und die deshalb an ihren Unzulänglichkeiten und verhärteten Strukturen zerbrachen.

Urachhaus